видим ясно только т
трящий наружу **вид**
трящий в свое сердц
буждается
сна...

что мироздание
изначально
гармонично.

Все, что случилось в прошлом,
имело свой смысл.
ак же, как и все, что свершится в будущем.

а МЕНЯЕТСЯ
ы не представляешь
ы поймешь,

Наша
жизнь —
это не череда
ошибок,
а последовательность
уроков.
Не существует негативного
опыта — есть возможность
для роста и движения вперед.

Силу обретают в борьбе.

Не бойся задавать глупые вопросы —
даже самому себе. Вопросы — наиболее
ыстрый способ **постичь истину.**

гордись тем, что ты
ревосходишь других
талантами
или богатством.

Истинно велик тот,
кто превзошел
самого себя...

Истинная СИЛА не в самом знании,
а в умении его правильно применять.
Большинство людей прекрасно
осведомлены о том,
что предпринять в той или иной
ситуации. Но мало кто тренирует
свои навыки **в применении**
знаний, а потому большинство
людей никогда не реализует
себя полностью.

Тот,
кто поднимается
вместе с солнцем, **проживает**
ЗАМЕЧАТЕЛЬНЫЙ ДЕНЬ.

Мироздание готово дать тебе все,
что потребуется, когда ты действуешь
во благо всех живых существ.

ЧИТАЙ МУДРЫЕ КНИГИ — они укажут тебе выход
из любой ситуации. Пользуйся многовековым опытом,
и ты заметно сократишь число **СОБСТВЕННЫХ ОШИБОК.**

История, которая захватывает дух и питает душу.

Пауло Коэльо

Эта история — увлекательное и необычное путешествие по глубинам собственного «Я». Она учит тому, что такое подлинная эффективность и подлинное счастье. Это настоящая сокровищница мудрости, из которой может черпать любой желающий.

Брайан Трейси,
автор бестселлера «Успех по максимуму»

Робин Шарма вывел невероятно изящную формулу достижения подлинного успеха. В этой книге мудрость веков причудливо переплетается с реалиями современной жизни. Я не мог оторваться от нее.

Джо Тай,
автор бестселлера «Не бойтесь бросить курить»

Изумительная книга! Робин Шарма — это второй Ог Мандино.

Дотти Уолтерс,
автор бестселлера «Говори и богатей»

Потрясающая история, которая учит тому, как вы можете сделать вашу жизнь по-настоящему богатой.

Кен Веготски,
автор бестселлера «Совершенная мощь»

Робин Шарма придумал очаровательную сказку, в которой есть все ключи к счастливой жизни. Восхитительная книга! Она изменила мою жизнь.

Элейн Сент-Джеймс,
автор бестселлера «Живите просто»

Послание Робина Шармы может изменить жизнь каждого из нас. Это единственный в своем роде учебник по обретению душевного покоя.

Скотт Де Гармо,
издатель

Я настоятельно рекомендую эту книгу всем, кто заинтересован в личностном росте и повышении профессионального мастерства.

Питер Хансон, автор бестселлера
«Радость и Стресс», доктор медицинских наук

ОТЗЫВЫ ЧИТАТЕЛЕЙ «ОЗОНА»

Суперкнига! Книга о жизни и о главных ее принципах... Книга практична и рекомендована для неоднократного прочтения.

Алексей (28 лет)

Просто нечто! Книга великолепна! И не только своими энергией и идеей, но и, самое главное, — практическим подходом. В ней содержится все самое необходимое для тех, кто в погоне за успехом забыл, как радоваться самой жизни.

Валерия (Екатеринбург)

Потрясающая книга! Серьезно, книга очень действенная. Это не первый текст такой тематики, который я читаю, но она невероятно вдохновляет, придает сил и заставляет верить во все, о чем там говорится. А говорится о том, что мы хозяева своей судьбы, что мысли надо фильтровать, что в нас сила всего мира ,и будет так, как захотим, если все это доброе, позитивное, направленное на самосовершенствование.

Анна (25 лет)

Книга помогает взглянуть на жизнь современного человека и задуматься над ее целями и смыслом. А хотим ли мы того, что должны делать по мнению общества?

Евгений (Россия, 23 года)

Книга-действие! Книга с четкой инструкцией для тех, кто готов изменить что-то в своей жизни. Для тех, кто наелся достижением успеха, карьеры. Для тех, кто готов сделать свою жизнь проще и счастливее. Для тех, кто семью считает самым большим счастьем, но ему некогда побыть со своей семьей, нужно бежать к своей цели...
В книге пошаговый алгоритм действий, как быть СЧАСТЛИВЫМ!!!

Олеся (Москва, 32 года)

Хорошая и правильная книга. Вполне уже знакомые мне мысли.
Еще раз убеждаюсь, что они имеют особый смысл.
Книга читается легко и быстро. Заставляет задуматься.
Заслуживает твердой «пятерки».

Виктория (Москва, 23 года)

Книга, которая разделила мою жизнь на «до» и «после».
С этой книги начала запоем читать книги Робина Шармы.
Лучше книг в моей жизни не было.
Книги, после прочтения которых начинаются кардинальные изменения личности и всей парадигмы.
Эти книги делают счастливее и позволяют открыть свою жизнь заново. С самых неожиданных красок и ракурсов, которые упорно не замечал годами и жил, как во сне. Каждый, кто хочет страстно постичь свою цель в жизни, стать лучше, сильнее и успешнее, должен эту книгу прочесть.

Елена (Москва, 42 года)

ОТЗЫВЫ ЧИТАТЕЛЕЙ «АМАЗОНА»

Книга захватывает и вдохновляет. Я сам юрист, и считаю, что никто до Робина Шармы не написал ничего лучше о том, как рутина профессии день за днем берет человека в свой плен. Эта книга о том, как освободить свой дух и сделать свою жизнь по-настоящему свободной.

Адам Сакс (Калабасас, Калифорния, США)

Я буквально наслаждался этой книгой.
В книге причудливо сплелись буддийская философия и лучшие техники саморазвития. Рекомендую всем, кто сомневается в своих лидерских качествах и считает себя неспособным достичь успеха. Эту книгу можно смело ставить на одну ступень с книгами Далай-Ламы и Стивена Кови.

Стив Элкайнинг (Кенсингтон, Калифорния, США)

Одна из лучших книг, которые я читал! «Готов ученик — готов и учитель!» Звучит непонятно? Только не для меня!
Впервые я взял эту книгу в руки 14 лет назад — и с тех пор не проходит дня, чтобы я не прочитал хотя бы главы из нее.
Моя жизнь изменилась коренным образом. Я стал более дисциплинированным, собранным, ответственным.
Теперь я не трачу времени на ерунду и знаю, как добиваться целей. Эта книга полностью преобразила меня!

Премкумар Масиламани (Бангалор, Индия)

Книга реально поднимает настроение! Она замечательно и легко написана. Начав читать, вы уже не сможете оторваться! Я рекомендую ее всем, кого затянуло болото повседневности.
Эта книга откроет вам секрет счастья и свободы.

Назли Наз (Турция, Стамбул)

ПУТЬ К МУДРОСТИ И СЧАСТЬЮ

Робин
Шарма

МОНАХ, КОТОРЫЙ ПРОДАЛ СВОЙ ФЕРРАРИ

Притча об исполнении желаний и поиске своего предназначения

ПРАЙМ

HarperCollins

Издательство АСТ
Москва

УДК 821.111-312.1(71)
ББК 84(7Кан)-44
Ш26

Шарма, Робин

Ш26 Монах, который продал свой «феррари». Притча об исполнении желаний и поиске своего предназначения / Робин Шарма. — Москва : Издательство АСТ, 2017. — 253,[3] с.

ISBN 978-5-17-082787-9 (Великие учителя)
ISBN 978-5-17-082788-6 (Путь к мудрости и счастью)

Что такое подлинный успех, и как его достичь? Можно ли обрести счастье, которое не зависит ни от карьерного роста, ни от мировых кризисов? Как избавиться от бесконечной заботы о завтрашнем дне и начать получать удовольствие от каждого прожитого дня? Существуют ли простые рецепты, позволяющие обрести духовные дары, не отказываясь от привычного комфорта? Как развить сверхспособности и подчинить себе судьбу? И, пожалуй, самое главное: как найти свое призвание и стать самим собой? Ответ — в этой книге, ставшей бестселлером во многих странах мира. Вместе с бывшим миллионером Джулианом Мэнтлом Робин Шарма предлагает читателю совершить удивительное путешествие в Сивану — страну, где исполняются мечты!

12+

Популярное издание

Робин Шарма

МОНАХ, КОТОРЫЙ ПРОДАЛ СВОЙ «ФЕРРАРИ»

Подписано в печать 05.09.2016. Формат 84×108 1/32.
Печать офсетная. Усл. печ. л. 13,44.
Доп. тираж 3000 экз. Заказ № Р-1064. (Великие учителя)
Доп. тираж 12000 экз. Заказ № Р-1065. (Путь к мудрости и счастью)

Общероссийский классификатор продукции ОК-005-93,
том 2–953000, книги, брошюры.

ООО «Издательство АСТ»
129085, г. Москва, Звездный бульвар, дом 21, строение 3, комната 5

Отпечатано в типографии филиала
АО «ТАТМЕДИА» «ПИК «Идел-Пресс».
420066, г. Казань, ул. Декабристов, 2.

ISBN 978-5-17-082787-9
ISBN 978-5-17-082788-6
ISBN-10 0062515675 (англ.)
ISBN-13 978-0062515674 (англ.)

ОГЛАВЛЕНИЕ

Благодарность от автора

Эта книга — плод совместной работы многих дорогих мне людей, чей энтузиазм и вера в меня позволили воплотить мою мечту в реальность.

Я приношу особую благодарность моей семье, а также тысячам читателей моей первой книги «Мегажизнь», которые нашли время для того, чтобы написать мне о том, как она изменила их судьбу.

Я благодарю всех слушателей моих открытых семинаров в Северной Америке, а также те компании, которые организовывали мои выступления для своих сотрудников.

Я говорю спасибо своему редактору Джону Лаудону. Без его веры в наше совместное дело этот проект не состоялся бы. Я также благодарю Марджери Бьюкенен, Карена Левин и великолепную команду «Харпер Сан-Франциско» за их слаженную и энергичную работу над этим проектом.

Я выражаю признательность Брайану Трейси, Марку Виктору Хансену, Кэти Данн и другим своим колегам.

Я благодарю Сатью Павел, Кришну и Сандипа Шарму за поддержку и одобрение всех моих идей.

И — самое главное — я приношу огромную благодарность моим любимым родителям, Шиву и Шаши Шарма, с любовью заботящимся обо мне с первого дня моей жизни.

Я глубоко признателен своему мудрому брату Сандживу Шарме и его чудесной супруге Сьюзен.

Я благодарю своих детей Колби и Бьянку, а также свою любимую жену Алку. Вы — свет моей жизни. Я люблю вас.

Робин Шарма

Моему сыну Колби, благодаря которому
я каждый день вспоминаю, что мир прекрасен.
Благослови тебя Бог!

ГЛАВА ПЕРВАЯ

ЗВОНОК К ПРОБУЖДЕНИЮ

Жизнь для меня — не жалкий огарок, а великолепный факел, дарованный лишь на короткое время. И перед тем как отдать его будущим поколениям, я должен возжечь этот факел как можно ярче.

Джордж Бернард Шоу

Он рухнул на пол посреди переполненного зала суда. Он, один из самых знаменитых и влиятельных адвокатов страны. Он, прославившийся как своими итальянскими костюмами по три тысячи долларов, плотно стискивающими его грузное тело, так и бесчисленными блестящими судебными победами.

Меня словно парализовало. Великий Джулиан Мэнтл ныне сам находился в роли потерпевшего и барахтался на полу, как беспомощный младенец. Лоб покрывала испарина, тело сотрясала дрожь. Все дальнейшее происходило, словно в замедленной съемке. «Господи, Джулиану плохо!» — закричала его помощница, констатируя то, что все давно поняли. Судья с растерянным видом что-то быстро говорила по телефону, установленному у нее на экстренный случай. Я оставался в ступоре. Только не умирай, старый дурак. Ты еще не отыграл свое. Ты не заслужил такой смерти.

Пристав, застывший поначалу, как мумия, вдруг сорвался с места и начал делать искусственное дыхание павшему на поле боя герою правосудия. Его помощница склонилась над ним, закрыв светлыми прядями своих волос его багрово-красное лицо. Она лепетала нежные слова утешения, слова, которых он слышать уже не мог.

Я знал Джулиана уже семнадцать лет. Я познакомился с ним, когда еще учился на юрфаке. Один из его партнеров взял меня стажером на лето. Уже тогда Джулиан блистал как адвокат, был красив, отважен и мечтал о громкой славе. В своей конторе он слыл восходящей звездой с многообещающим будущим. До сих пор не могу забыть, как однажды, заработавшись допоздна, я осторожно заглянул в его по-царски шикарный угловой кабинет. Мой взгляд упал на дубовый стол, на изречение Уинстона Черчилля, стоящее там в рамке. Выбор цитаты многое объяснял в личности Джулиана.

«Я уверен, что сегодня мы — хозяева собственной судьбы, что стоящие перед нами задачи нам по плечу, что у нас есть силы претерпеть все предстоящие испытания. Пока у нас есть вера в наше дело и несокрушимая воля к победе, судьба будет на нашей стороне».

Эти слова Джулиан подтверждал делами. Он обладал железной волей, напористой энергией и жесткой хваткой. Он считал себя обреченным на успех, ради которого был готов работать по восемнадцать часов в сутки. От кого-то я слышал, что его дед был видным сенатором, а отец — весьма уважаемым судьей Федерального суда. Сын влиятельных родителей, Джулиан нес на своих плечах, неизменно облаченных в пиджаки от «Армани», бремя семейных надежд. Но надо признаться, свою судьбу он выбирал сам. И решительно шел собственным путем, обожая устраивать шоу.

Первые полосы газет пестрели заголовками о его эпатажных выходках в зале суда. Богачи и знаменитости неизменно обращались к нему, когда им нужен был высококлассный юрист с превосходной тактикой и воинственными манерами.

Вне судебных стен Джулиан вел себя не менее вызывающе. В нашей конторе ходили легенды о его полночных визитах в лучшие рестораны города с обольстительными молоденькими моделями, о сумасшедших вакханалиях в компании крикливых брокеров, которых он называл не иначе, как своей «бандой».

Тем летом он выступал адвокатом в деле о громком убийстве. До сих пор остается тайной, почему из всех стажеров в качестве помощника он выбрал меня. Может быть, потому, что у нас была общая «альма-матер»? (Я закончил тот же, что и Джулиан, факультет Гарвардского университета.) Но я, конечно, не был самым ярким стажером в фирме, да и не мог похвастаться родословной, включающей принцев голубых кровей. Мой отец, в прошлом морской пехотинец, всю жизнь проработал охранником в банке. Мама вне всякой роскоши выросла в Бронксе. Тем не менее, из всех претендентов, жаждущих стать его мальчиком на побегушках в этом деле, названном «Процессом века», он выбрал именно меня. Джулиан, правда, обмолвился как-то, что ему понравился мой «голодный взгляд». Мы, естественно, выиграли тогда, и предприниматель, обвиненный в жестоком убийстве своей жены, стал свободным человеком — настолько, насколько ему это позволяла совесть (ну, или то, что от нее осталось).

То лето оказалось богатым на уроки. Я узнал, как на пустом месте можно посеять вполне обоснованное сомнение. Ведь если ты адвокат, то именно за это и получаешь свои деньги. Но еще это были уроки психологии победителя и бесценная возможность наблюдать мастера в игре. Я все впитывал, как губка.

Затем Джулиан пригласил меня остаться в его конторе в качестве партнера. Между нами довольно быстро установились дружеские отношения — хотя, скажу честно, работать с ним было совсем не просто. Роль его помощника оказалась довольно нервной: Джулиан нередко срывал на мне раздражение и злость. И это был его фирменный стиль. Он считал себя непогрешимым. Но под внешней железной оболочкой скрывался человек, который заботился и о людях. Как бы он ни был занят, он всегда находил минутку, чтобы поинтересоваться, как там Дженни — женщина, которую я до сих пор называю своей невестой, несмотря на то что мы поженились еще до моего поступления на юрфак. Узнав от другого стажера, что я нахожусь в стесненных обстоятельствах, Джулиан выбил для меня щедрую стипендию.

Да, он умел проводить жесткие атаки в борьбе с соперником, любил прожигать жизнь, но никогда не оставлял своих друзей в беде. Его настоящая проблема заключалась в том, что Джулиан был буквально одержим работой.

Несколько первых лет, безвылазно сидя в конторе, он еще оправдывался тем, что делает это «на благо фирмы», и следующей зимой непременно возьмет месяц отдыха и махнет на Каймановы острова. Однако время шло, слава Джулиана как блестящего адвоката умножалась; но росла и профессиональная нагрузка. Его приглашали вести все более серьезные и запутанные дела, и Джулиан, никогда не отступавший, неизменно принимал эти вызовы. В редкие минуты отдыха он признавался, что в течение многих лет спит не более двух часов в сутки. Спать дольше ему не позволяет совесть, ведь на столе стопки судебных документов. Вскоре я понял, что он полностью захвачен жаждой большего — большего престижа, большей известности и больших денег.

В результате, Джулиан не просто достиг успеха. Он добился всего, о чем большинство людей не могут даже мечтать. Он стал настоящей звездой в своей области с семизначным годовым доходом, он владел великолепным особняком в районе, где жили знаменитости; в его распоряжении всегда был личный самолет, резиденция на тропическом острове; и — главная гордость — сияющий красный «феррари», припаркованный посреди дорожки, ведущей к особняку.

Однако я знал, что все далеко не так лучезарно, как могло бы показаться со стороны. На его лице появлялась печать обреченности. Я замечал это не потому, что обладал сверхпроницательностью по сравнению с остальными работниками конторы. Просто я чаще находился рядом. Мы были неразлучны, потому что всегда работали. Игра никогда не кончалась. Не успевало закончиться одно дело, как на горизонте появлялось другое. Джулиан не видел предела совершенству. Что будет, если судья, не дай Бог, задаст тот или иной вопрос? Достаточно ли мы раскопали, чтобы ответить на него? Что случится, если посреди слушаний его застигнут врасплох, как оленя, попавшего в лучи автомобильных фар? Поэтому мы работали на пределе возможностей, и меня так же, как и его, затягивало в черную дыру работы. Мы сами сделали себя рабами времени, навечно поселившись на шестьдесят четвертом этаже небоскреба из стекла и бетона. В то время как все здравомыслящие люди наслаждались семейным уютом, мы, ослепленные призраком успеха, думали, что поймали за хвост птицу счастья.

Чем больше времени я проводил с Джулианом, тем отчетливее осознавал, что он все глубже и глубже загоняет себя в могилу, словно повинуется какому-то неумолимому року. Ничто не могло удовлетворить его до конца. Поэтому его брак потерпел крушение, он разорвал отношения с отцом; и хотя его материальному богатству мог бы позавидовать любой, ему все еще чего-то недоставало. Он был истощен эмоционально, физически и — духовно.

В свои пятьдесят три года Джулиан выглядел так, словно ему под восемьдесят. Его лицо бороздили глубокие морщины — такую цену платил он за свое знаменитое правило «пленных не брать!», многолетний стресс и беспорядочный образ жизни. Обильные ужины за полночь в дорогих французских ресторанах, толстые кубинские сигары, привычка глушить коньяк рюмку за рюмкой — все это привело к тому, что он безбожно растолстел. Он все чаще жаловался на недомогания, говорил, что ему надоело быть больным и уставшим. Он утратил чувство юмора, и казалось, больше ничто не заставит его рассмеяться.

Его жизнерадостность сменилась замогильной мрачностью. Полагаю, он утратил какой-то главный ориентир. Но самое грустное — он утрачивал свою знаменитую хватку. Если раньше он приводил в восторг всех присутствующих своим аргументированным и ярким красноречием, то теперь он порой по нескольку часов мог бубнить что-то бессвязное о случаях, которые не имели никакого отношения к конкретному разбирательству. Его изящные реплики на возражения противоположной стороны уступили место едкому сарказму, раздражавшему даже тех судей, которые раньше считали его гением защиты. Короче говоря, звезда Джулиана клонилась к закату.

И причина заключалась не только в лихорадочном темпе жизни, преждевременно загонявшим его в могилу. Причина лежала гораздо глубже. Это был духовный надлом. Почти каждый день он сетовал на то, что в нем больше нет страсти, внутри и вокруг — одна пустота.

Джулиан рассказывал, что в молодости он по-настоящему любил юриспруденцию, и выбрал ее не только потому, что положение его семьи позволило ему взять быстрый старт. Его завораживали тонкости права, предлагавшие ему сложные интеллектуальные задачи. Они наполняли его энергией. Особенно же его вдохновляло то, что с помощью Закона можно изменить мир. Это-то и отличало его от остальных представителей золотой молодежи Коннектикута. Он был уверен, что его дар — это оружие, с помощью которого он сражается на стороне добра. В этом и заключался смысл его жизни. Это освещало его путь и дарило надежду.

Причиной его фиаско стала не только утрата интереса к некогда вдохновлявшему его делу. Еще до того как он взял меня на работу, он пережил большую трагедию. Как намекнул мне один из его компаньонов, то была воистину непоправимая катастрофа — и это все, что мне удалось выведать. Даже известный своей болтливостью старик Хардинг, человек, который провел больше времени в баре отеля «Ритц-Карлтон», чем в своем ошеломляюще огромном кабинете, сказал, что это тайна, и он, как и другие, был приведен к присяге молчания. Я не знал, в чем заключалась эта глубокая и страшная тайна, но всегда подозревал, что падение Джулиана началось именно с нее. И это было не праздное любопытство, — мне хотелось помочь ему.

Ведь он был не только боссом и наставником — он был моим лучшим другом.

А потом случился этот обширный инфаркт, который вернул божественного Джулиана Мэнтла на грешную землю и напомнил ему о том, что он всего лишь простой смертный. Утром в понедельник, прямо посреди переполненного зала заседаний №7 — того самого зала, где мы когда-то выиграли «Процесс века».

ГЛАВА ВТОРАЯ

ЗАГАДОЧНЫЙ ГОСТЬ

На экстренное собрание пригласили всех сотрудников конторы. По напряженной атмосфере я сразу же понял, что у нас большие проблемы. Первым выступал старина Хардинг:

— Боюсь, что мои новости вас не обрадуют. Вчера Джулиана Мэнтла прямо в зале суда, в самый разгар его выступления по делу «Эйр Атлантик», настиг сердечный приступ. Сейчас он в палате интенсивной терапии, врачи говорят, что состояние его стабильно и скоро он пойдет на поправку. Но Джулиан принял решение, о котором вы имеете право знать. Он покидает нашу общую семью и прекращает адвокатскую практику. Больше он к нам не вернется.

Это повергло меня в шок. Я, конечно, знал, что Джулиан по горло в неприятностях, но и предположить не мог, что он способен выйти из игры. Мне казалось, что после всех испытаний, через которые нам вместе пришлось пройти, он мог бы и лично сказать мне о своем решении. Но он даже не выразил желания увидеться со мной в больнице. Всякий раз, когда я приходил к нему, медсестры говорили, что он спит и его нельзя тревожить. Более того: он перестал отвечать на мои телефонные звонки. Может быть, оттого, что я был живым напоминанием о той жизни, которую он мечтал поскорей забыть? Кто знает... Одно скажу: мне было по-настоящему тяжело.

Все это случилось немногим более трех лет назад. Последнее, что я о нем слышал, так это что Джулиан отправился в Индию с какой-то экспедицией. Одному из своих партнеров он сообщил, что хочет научиться просто жить и отправляется в эту таинственную страну для того, чтобы найти ответы на некоторые интересующие его вопросы. Свой шикарный особняк он продал, так же как личный самолет и резиденцию на тропическом острове. Он продал даже свой «феррари»! «С ума сойти, Джулиан Мэнтл — индийский йог, — думал я. — Воистину, пути Закона неисповедимы».

Я тоже изменился за три года. Из молодого юриста-трудоголика я превратился в опытного, с известной долей цинизма, адвоката. В моей семье произошло пополнение. Со временем я тоже задумался о смысле жизни. Полагаю, что к этому меня подтолкнули дети. Они заставили меня кардинальным образом поменять свои взгляды на мир и на то, кем я в этом мире являюсь. Мой отец выразил это лучше всех: «Джон, перед лицом смерти ты вряд ли пожалеешь о том, что слишком мало времени уделял работе». Так что я старался проводить больше времени дома, с семьей. В общем, я жил довольно хорошо, хотя и немного скучно. Я стал членом «Ротари-клуба», играл по субботам в гольф — для поддержания приятельских отношений с клиентами и партнерами. Но должен сказать вам, что наедине с собой я часто вспоминал о Джулиане и все время спрашивал себя, что стало с ним за эти три года, прошедшие с момента нашей неожиданной разлуки.

Возможно, он все-таки нашел прибежище в Индии, этой диковинной стране, способной стать домом даже для его беспокойной души. Или пересек Непал? А может, ныряет сейчас с аквалангом где-нибудь на Кайманах? Одно было очевидно: занятия юриспруденцией он оставил навсегда. Никто не получил от него даже открытки после того, как он сам себя отправил в добровольную ссылку — подальше от Закона.

Но около двух месяцев назад в мою дверь постучали — и этот стук был вестником первого ответа на некоторые из терзавших меня вопросов. Я только что проводил последнего клиента: кончился еще один утомительный день; как вдруг Женевьева, моя смышленая помощница, просунув голову в дверь небольшого, но элегантного кабинета, сообщила, что ко мне посетитель.

— Джон, один человек хочет видеть тебя. Он говорит, что это не терпит отлагательств и он не уйдет, пока не поговорит с тобой.

— Я уже ухожу, Женевьева, — раздраженно парировал я, — надо еще успеть перекусить, а потом закончить сводку по делу Гамильтона. Прямо сейчас у меня нет времени ни на кого. Скажи, пусть запишется на прием, как все, а будет упрямиться — вызывай охрану.

— Но он утверждает, что должен увидеть тебя прямо сейчас — и другого ответа не примет!

Я решил было вызвать охранника, но затем подумал, вдруг кто-то действительно нуждается в моей срочной помощи, так что сменил гнев на милость.

«Хорошо, пусть войдет, — сдался я. — Кто знает, может, дело окажется взаимовыгодным?»

Дверь медленно отворялась. Когда же она открылась полностью, на пороге стоял улыбающийся человек, чуть старше тридцати. Он был высок, строен и мускулист, от него исходила здоровая животная сила. Он напомнил мне всех этих холеных отпрысков богатых семей, с которыми я учился на юрфаке — с идеально гладкой кожей, живущих в фешенебельных особняках, раскатывающих на шикарных автомобилях. Однако в моем позднем визитере было нечто большее, чем молодость и красота. Совершенная умиротворенность делала его похожим на полубога. А еще — его глаза. Пронзительно синие глаза, острые, как лезвие бритвы, вонзающееся в нежную кожу юноши, взволнованного первым бритьем.

«Ну вот, еще один молодой да ранний, мечтающий занять мое место, — усмехнулся я про себя. — Черт побери, да что же он так на меня уставился? Надеюсь, это не его жене я помог получить приличные отступные на бракоразводном процессе неделю назад? Может, в самом деле лучше было бы вызвать охрану?»

Молодой человек продолжал безмятежно смотреть на меня, словно Будда, с улыбкой взирающий на любимого ученика. Молчание становилось напряженным, когда он вдруг заговорил неожиданно начальственным тоном.

— Вот как ты встречаешь своих посетителей, Джон? Даже тех из них, кто обучил тебя искусству выигрывать дела? Не стоило мне выдавать тебе все свои секреты, — с этими словами его пухлые губы растянулись в широкой улыбке.

Странное чувство охватило меня. Я мгновенно узнал этот скрипучий, но милый сердцу голос. Сердце подпрыгнуло в груди.

— Джулиан, ты ли это? Невероятно! Это и вправду ты?

Ответом мне был громкий смех гостя. Стоящий передо мной молодой человек оказался Джулианом Мэнтлом, «индийским йогом», внезапно исчезнувшим несколько лет назад. Я был потрясен немыслимыми переменами, произошедшими с ним.

С лица исчезла мертвенная серость, ушел болезненный кашель, глаза моего бывшего коллеги больше не пугали своей безжизненностью. Куда подевался образ престарелого циника, ставший когда-то его визитной карточкой? Передо мной стоял крепкий, пышущий здоровьем мужчина, чье гладкое лицо будто светилось изнутри. Огонь в его глазах свидетельствовал об огромной жизненной силе. В особенности же меня поразил необыкновенный покой, который источал весь облик Джулиана. Я почувствовал этот абсолютный внутренний покой, хотя просто сидел и смотрел на него. Этот человек больше не был суматошным боссом преуспевающей адвокатской конторы. Цветущий, улыбчивый, полный сил — он был воплощением перемен.

ГЛАВА ТРЕТЬЯ

НЕВЕРОЯТНОЕ ПРЕОБРАЖЕНИЕ ДЖУЛИАНА МЭНТЛА

Сказать, что я был поражен новым обликом Джулиана — значит, не сказать ничего.

«Разве можно за несколько лет из старого больного человека превратиться в молодого, полного сил мужчину? — думал я, не в силах поверить своим глазам. — Что это — какой-то новый препарат дает такие результаты, или он отыскал источник вечной молодости? Фантастическое перерождение! Как он это сделал?»

Джулиан заговорил первым. Он напомнил мне о том, каким был всего лишь три года назад. Мир Закона, с его беспощадной конкуренцией и сумасшедшими нагрузками, полностью обескровил его. Джулиан был истощен духовно и физически. Темп его жизни все ускорялся, а сил становилось меньше и меньше. Организм износился, ум потерял остроту, интуиция притупилась. Инфаркт был только сигналом о более серьезных духовных проблемах. Годы жесткого прессинга, изнурительный рабочий график адвоката с мировым именем сломили в нем то, без чего невозможно оставаться человеком — его дух. Доктор поставил его перед выбором: либо карьера, либо жизнь. И Джулиан понял, что ему дается уникальный шанс вновь разжечь тот внутренний огонь, что горел в нем в молодости — огонь, который погас, когда призвание превратилось в бизнес.

Глаза Джулиана блестели, пока он рассказывал мне, как распродал все имущество и отправился в Индию — страну, всегда манившую его своей древней культурой и мистическими традициями. Он путешествовал на поезде и пешком, любовался величественной природой и древними памятниками, над которыми не властно время. Он шел от одного селения к другому, и везде его встречали с любовью и теплотой. Он все больше влюблялся в индийцев, в их доброту и мудрое отношение к жизни. Двери любого жилища были открыты для утомленного странника Запада — и так же были открыты сердца. Незаметно летели дни в этом гостеприимном крае. Джулиан постепенно оттаивал. Он почувствовал себя живым человеком — возможно, впервые за долгие годы. Природная жизнерадостность и творческий дух вернулись к нему. В нем вновь затеплилась искра жизни, и мир поселился в его душе. Он заново научился смеяться.

Каждое мгновение в этой экзотической стране дарило ему радость и удовольствие. Но его путешествие в Индию оказалось не просто спасительным отдыхом. Он назвал его своей «одиссеей». Джулиан отчаянно стремился, пока еще есть время, найти свое подлинное «Я» и понять, в чем заключается истинный смысл его жизни. Для этого ему нужно было погрузиться в океан древней мудрости, хранящий знания о том, как сделать свою жизнь гармоничной, полезной и достичь просветления.

— Не сочти меня чудаком, Джон, но должен признаться, что это было как повеление свыше. Сильный внутренний импульс заставил меня вступить на путь духовного поиска. Мне крайне важно было вновь разжечь в себе тот огонь, что горел во мне в молодости. Это было необыкновенное время обретения утраченной свободы.

Путешествуя, он не раз слышал об индийских монахах, живущих более ста лет и, несмотря на свой почтенный возраст, остающихся молодыми и полными сил. Он много слышал о победивших старость йогах, умеющих контролировать сознание и владеющих искусством духовного пробуждения. Ему страстно хотелось понять, что за сила способна так изменить человеческую природу, и применить это тайное знание к собственной жизни.

В начале своих поисков Джулиан обращался ко многим известным и уважаемым гуру. Все они встречали его с распростертыми объятиями и открытым сердцем. Они щедро делились с ним драгоценными жемчужинами знаний, обретенных в течение долгих лет медитаций и размышлений о смысле бытия. Джулиан описывал красоту величественных древних храмов, этих безмолвных хранителей многовековой мудрости, венчающих мистические индийские пейзажи.

Он все больше и больше погружался в атмосферу этих священных мест.

— В моей жизни, Джон, никогда не было ничего настолько потрясающего. Да и кто я был? Старый крючкотвор, который отдал за бесценок свое состояние, от беговой лошади до «ролекса», оставив лишь то, что уместилось в большой рюкзак, ставший моим единственным спутником в поисках вечной мудрости Востока.

— Наверное, трудно было все бросить? — меня разбирало любопытство.

— Трудно?! Да это было самое легкое и приятное решение, которое я когда-либо принимал! Это было так же естественно, как вдохнуть полной грудью. Как говорил Альбер Камю: «Лучшее вложение в будущее — отдавать все настоящему». Именно это я и сделал! Я знал: чтобы выжить, мне нужно кардинально измениться. Я просто послушался сердца, так что все произошло без долгих раздумий и драм. Моя жизнь стала намного свободней и осмысленней, когда я навек распрощался с прошлым.

Я перестал гнаться за удовольствиями. Научился обходиться малым и наслаждаться красотой окружающего мира. Я любовался танцем звезд в лунном небе и купался в первых лучах солнца, поднимающегося из-за гор. Индия пробудила во мне столько новых и неизведанных чувств, что у меня ни разу не возникло желания предаваться воспоминаниям.

Однако первые встречи с известными гуру, хоть и заинтриговали Джулиана, но все же не дали ему точных ответов. Человек дела, он хотел овладеть системой практических знаний, которые могут кардинально изменить не только его внутреннее состояние, но и весь образ жизни. Лишь через семь месяцев его «одиссеи» забрезжила надежда. Это был первый шаг к цели.

В те дни Джулиан жил в Кашмире — древнем таинственном городе, похожем на сонного старика, сидящего у подножия Гималаев. Ему посчастливилось познакомиться с индийцем по имени йог Кришнан. Этот маленький человек с обритой головой и белозубой улыбкой часто шутил, что в своем «прошлом воплощении» он так же, как и Джулиан, был адвокатом. Ему смертельно надоел Нью-Дели с его бешеным темпом жизни, и в один прекрасный день, распродав свое имущество, Кришнан удалился в мир святости и простоты. Теперь он служил старостой в простом деревенском храме, и это служение помогло ему заглянуть в себя и открыть неведомые доселе глубины собственной души.

— Я устал от жизни, похожей на бесконечные полевые учения, — рассказывал он Джулиану. — Я понял: мое истинное предназначение в том, чтобы служить другим людям и делать все, чтобы мир стал гармоничнее и лучше. Сейчас я живу не для того, чтобы как можно больше получить, а для того, чтобы как можно больше отдать. Дни и ночи я провожу в храме. Моя жизнь состоит лишь из самоограничения и молитв, но она наполнена смыслом. С каждым, кто приходит сюда помолиться, я делюсь всем, что у меня есть. Я служу людям, хоть я и не священник. Я просто человек, который наконец-то обрел свою душу.

Джулиан поведал бывшему адвокату историю собственной жизни, о былой славе и привилегиях, о том, как поначалу он желал служить добру, но затем его обуяла жажда наживы, одержимость работой. Он без утайки рассказал Кришнану, что эта измена идеалам молодости привела к глубокому кризису, из-за которого едва не угас огонь его жизни.

— И я прошел весь это путь, друг мой, — сочувственно ответил йог. — Я тоже испытал ту боль, через которую пришлось пройти тебе. Но я увидел в этом Высший Промысел. Пойми, что каждое событие нашей жизни наполнено глубоким смыслом. Неудачи в личной или профессиональной жизни — все это уроки личностного роста. Тот, кто правильно усвоит эти уроки, без награды не останется. Не жалей о прошлом. Прошлое — это великий учитель.

Его слова привели Джулиана в восторг. Душа его ликовала. Быть может, йог Кришнан и есть тот духовный наставник, который поможет ему в поисках гармонии и просветления? В конце концов, кто сможет понять его лучше, чем бывший адвокат, прошедший через собственную духовную «одиссею»?

— Можешь ли ты помочь мне, Кришнан? Для меня вопрос жизни и смерти — вернуть себе полноценную жизнь и наполнить ее духовным смыслом.

— Оказать тебе помощь — честь для меня, — смиренно ответил йог. — Но ты позволишь дать тебе один совет?

— Разумеется!

— Еще до того как я удалился в горы и стал старостой деревенского храма, я слышал легенду о тайной общине мудрецов, живущих высоко в Гималаях. Эта община существует уже много веков. Люди, живущие там, называют себя монахами, и ведут тот же образ жизни, что и их далекие предки. Они не ведают ни прогресса, ни цивилизации — однако обладают отменным здоровьем и могут жить бесконечно долго, так как способны поддерживать в себе жизненные силы. Их способности поражают воображение. Говорят, что они умеют прозревать будущее и знают, что происходит в самом дальнем уголке земли. Ходят слухи, что они владеют практиками, позволяющими человеку буквально переродиться. Речь не только о физическом преображении. Эта система обновления человека целиком: его духа, души и тела. Они владеют методами высвобождения внутреннего потенциала, который скрывается в каждом из нас.

Услышанное поразило Джулиана. Ведь именно об этом он мечтал, именно к этому стремился!

— Друг мой, скажи мне скорее, где живут эти таинственные монахи?

— К сожалению, ни я, да и никто другой не знает этого точно. Будь я помоложе, непременно пустился бы в далекий путь, чтобы отыскать их общину. Но я слишком стар для подобных путешествий. И если ты решишься на это, то должен тебя предупредить: Гималаи коварны. Они погубили многих смельчаков. Даже самый опытный альпинист беспомощен перед смертельными объятиями их снежных лавин. Чтобы отыскать святилище древней мудрости, тебе придется покорить не одну вершину: ведь Сивана лежит в самом сердце Гималайского хребта. Но тот, кто ищет золотые ключи к долгожительству, здоровью и душевной гармонии, найдет их именно там.

Джулиан, не привыкший отступать, снова и снова пытался выведать у Кришнана, где живут эти загадочные мудрецы.

— Все, что я еще могу сказать тебе, — отвечал Кришнан с неизменным поклоном, — так это то, что жители деревни, где находится мой храм, называют их «великими гуру Сиваны». Согласно их верованиям, Сивана — обетованная земля, и название это переводится как «оазис просветления». Они почитают сиванских монахов за полубогов. Поверь: если бы я точно знал, где находится эта мифическая Сивана, я бы никогда не стал скрывать это от тебя.

Следующим утром, лишь только первые лучи жаркого индийского солнца показались из-за горизонта, Джулиан отправился на поиски обетованной земли Сиваны. Он хотел было нанять проводника-шерпа, чтобы тот провел его по крутым горным тропам. Но сердце подсказывало, что этот путь он должен проделать сам. Пожалуй, впервые в жизни Джулиан не послушался голоса разума, а полностью доверился сердцу. Безусловно, это было рискованным решением: ведь до него ни один европеец не решался проделать подобный путь в одиночку. Но Джулиан словно предчувствовал, что несмотря на все трудности этого опасного пути, он доберется до Сиваны живым и здоровым. С энтузиазмом неофита он все выше поднимался в горы. Дорога первых дней далась ему сравнительно легко: в гору вел широкий пологий подъем. Порой Джулиан встречал дружелюбного селянина одной из предгорных деревень, карабкающегося по обрывистому склону в поисках куска ценного дерева для работы, или же паломника, рискнувшего подняться под небеса, к одному из древних святилищ. В другие дни он путешествовал в полном одиночестве, размышляя о том, для чего судьба привела его в этот заповедный край.

Вскоре он поднялся так высоко, что деревня, из которой он вышел, казалась всего лишь пятнышком на холсте дивного природного великолепия. Гималаи предстали перед ним во всей своей торжественной красе. Вид их величественных вершин заставил сердце Джулиана биться так сильно, что в какой-то момент у него перехватило дыхание. Он чувствовал себя не просто частью этого гордого пейзажа, он ощущал кровное родство с Гималаями. Они теперь были друзьями, с ними можно было по-приятельски шутить и делиться самыми сокровенными мыслями.

Свежий горный воздух очистил его дух и прогнал усталость. Джулиан исколесил весь мир, и был уверен, что повидал все на свете. Но никогда и нигде не встречал он подобной красоты. Он словно попал в сказку, и от души наслаждался волшебной симфонией природы. Его душа ликовала от радости и свободы. Именно здесь, на вершине мира, Джулиан наконец-то начал высвобождаться из кокона обыденности и прикоснулся к Тайне.

— Я до сих пор отчетливо помню все то, о чем думал тогда, — рассказывал Джулиан. — Я понял, что в конечном итоге судьба — всего лишь результат нашего выбора. Она зависит только от того, какие пути мы выбираем. И я был уверен, что сделал единственно правильный выбор. Я знал: с этого момента мне нет возврата к прежней жизни. Меня томило предчувствие чуда, возможно, самого главного в моей жизни. Это было ни с чем не сравнимое чувство духовного пробуждения.

Джулиан поднялся к самым вершинам, где уже нельзя было встретить ни деревни, ни человека. Им овладело беспокойство.

— Нет, я не тревожился о том, что могу погибнуть в этом снежном краю, — пояснял он. — Мое беспокойство было сродни волнению, которое испытываешь, собираясь на выпускной бал или готовясь выступить на первом серьезном процессе, когда журналисты преследуют тебя до самой двери зала суда. У меня не было ни проводника, ни даже карты, но я взбирался все выше и выше, ведомый ясным и сильным предчувствием. Я повиновался своему внутреннему компасу, который точно указывал на место моего назначения. Это предчувствие было настолько мощным, что при всем желании я не мог бы остановиться и повернуть назад, — голос Джулиана креп, речь лилась, как горный поток в разгар сезона дождей.

За два дня до того, как он нашел вожделенную Сивану, его одолели сомнения. Он уже не был так уверен в том, что принял верное решение, и все чаще думал, почему бы ему не вернуться к прежней жизни. Он окреп физически и хорошо отдохнул. И сможет ли он прожить без интеллектуальных схваток, без сложных юридических загадок, наполнявших его жизнь с того момента, как он окончил Гарвард? Память услужливо рисовала ему картины роскошного, обшитого дубовыми панелями кабинета в центре сияющего небоскреба. Мысленно он возвращался в свой изысканный особняк, проданный за бесценок. А как он любил эти ночные кутежи с друзьями в лучших ресторанах города! А гламурные тусовки? Но больше всего он тосковал по своему бесценному «феррари», по тому, как сладко замирало сердце, когда он заводил мотор и железный зверь оживал под его руками.

Но чем дальше он шагал по нехоженым горным тропам, тем призрачней становились эти воспоминания. Он стряхнул с себя груз прошлого и полностью окунулся в созерцание царственной природы Гималаев. И тут...

Впереди мелькнул силуэт человека, облаченного в диковинный пунцово-красный халат с темно-синим капюшоном. Джулиан вздрогнул. Меньше всего он ожидал встретить кого-нибудь именно здесь, куда он добирался целых семь дней. Пройдя десятки километров, он даже не надеялся, что вожделенная Сивана может быть где-то рядом.

Он окликнул человека, чтобы узнать, где находится эта обетованная земля. Но тот не ответил, а только прибавил шаг вверх по тропе. И Джулиан поспешил вслед за ним. Человек даже не оглянулся на голос — хотя бы из вежливости. Вскоре загадочный странник почти бежал, и его пунцовые одежды развевались, как шелковая простыня на бельевой веревке в ветреный осенний день.

— Друг, прошу тебя, остановись! — крикнул Джулиан. — Мне нужно найти Сивану! Семь дней я брожу здесь почти без пищи и воды. Может быть, я заблудился?

Человек резко остановился. Пока, боясь спугнуть свою удачу, Джулиан осторожно подходил к нему, он стоял удивительно тихо и неподвижно. Не шелохнулся, не качнул головой. Под свисавшим капюшоном Джулиан не смог рассмотреть его лица. Но ни причудливый наряд, ни совершенная неподвижность не поразили Джулиана так, как содержимое корзинки в его руках. Она была полна диковинных и прекрасных цветов, которых Джулиан никогда не видел.

Когда Джулиан подошел, человек крепко вцепился в свою корзинку, словно цветы представляли необыкновенную ценность. А может, он просто хотел бедать понять, что не слишком доверяет высоким белым людям, встречающимся в этих местах так же часто, как снег в пустыне.

Джулиан разглядывал его с неподдельным интересом. Яркий луч закатного солнца упал на укрытое в тени длинного капюшона лицо мужчины, и Джулиан наконец-то смог разглядеть его черты. Удивительный человек! Вроде бы его ровесник, но гораздо энергичнее. Кошачий разрез глаз, гладкая кожа цвета спелой оливы... Бесформенный балахон не мог скрыть превосходной атлетической фигуры, и лишь руки, выдавая возраст, говорили о том, что ему, должно быть, уже перевалило за полвека. Его облик поражал воображение, а острый внимательный взгляд проникал в самые глубины души. Джулиан смотрел на него как завороженный. Он чувствовал себя ребенком, который неожиданно повстречал настоящего волшебника.

«Наверно, это и есть один из великих мудрецов Сиваны», — подумал Джулиан с замиранием сердца. Не в силах скрыть свое волнение, он снова обратился к путнику в алом балахоне.

— Мое имя Джулиан Мэнтл, и я пришел сюда, чтобы найти мудрецов Сиваны. Я хочу стать их учеником. Не знаете ли вы, где находится Сивана?

Человек посмотрел на него долгим отрешенным взглядом. Глаза его светились. Своей неземной умиротворенностью он напоминал ангела. Неслышно, почти шепотом, пилигрим спросил Джулиана:

— Друг мой, какая нужда заставила тебя искать этих мудрецов?

Джулиан понял, что перед ним стоит один из тех мифических монахов, и поведал ангелоподобному страннику свою «одиссею». Он честно рассказал, как выбивался из сил ради сладких мгновений славы, как гасил лучшие порывы своей души для того, чтобы умножался счет в банке, как наивно полагал, что единственная цель его жизни — получить все мыслимые блага и умереть молодым. Он не утаил от монаха и того, что случилось с ним потом — болезнь и глубокий душевный кризис, заставивший его избавиться от имущества и отправиться в Индию. Джулиан рассказал о своих странствиях по этой древней стране, о встрече с бывшим адвокатом из Нью-Дели йогом Кришнаном, который тоже отказался от славы и денег для того, чтобы обрести внутреннюю гармонию и душевный покой.

Удивительный монах слушал Джулиана внимательно. Ни одна черточка не дрогнула на его безмятежном лице. И когда Джулиан умолк, он не шевельнулся. Тогда Джулиан заговорил снова — о том, как жгучее желание изменить свою жизнь заставило его проделать этот трудный и опасный путь.

Тогда, положив руку на плечо Джулиана, человек ласково сказал:

— Вижу, ты действительно стремишься достичь просветления. Я — один из тех, кого ты так искал. И я считаю своим долгом помочь тебе. Признаюсь, за годы моего пребывания здесь я не встречал еще ни одного человека, которому удалось бы найти Сивану самостоятельно. Путь сюда неблизок и опасен. Даже жители предгорных деревень никогда не забредали сюда — оттого никто не знает точно, существует ли наша обитель на самом деле, или это всего лишь легенда. Но твое упорство восхищает. Наверное, ты и вправду был великолепным адвокатом.

Он ненадолго погрузился в раздумья, а затем снова заговорил:

— Я прошу тебя быть моим гостем в нашей общине. Мы живем в прекрасной долине, скрытой от людских глаз. Всего несколько часов пути отсюда. Мои братья и сестры встретят тебя с распростертыми объятьями и будут рады принять в нашу семью. Мы научим тебя всему, что необходимо для долгой, гармоничной и просветленной жизни, передадим знания, которые наши предки хранили на протяжении множества веков. Однако прежде чем ты отправишься со мной в Сивану, чтобы переродиться и наполнить свою жизнь радостью и смыслом, ты должен мне кое-что пообещать. Овладев древним знанием, ты не останешься с нами, а вернешься в свой мир, чтобы поделиться этими вековыми тайнами с людьми Запада. Высокие вершины лучше самых крепких стен охраняют нас от внешнего мира, и, тем не менее, нам известно обо всех его катаклизмах и кризисах. Люди давно потеряли ориентиры и не знают, куда им идти. Ты должен принести им надежду на лучшую жизнь. И, что более важно, ты должен познакомить их с практиками, с помощью которых они смогут вновь обрести гармонию. Это все, о чем я прошу тебя.

Джулиан тут же согласился. Он пообещал мудрецу, что станет самым страстным проповедником этого драгоценного знания. Он был готов на любые жертвы, лишь бы узнать тайну просветления.

Дальше они пошли вместе. Горная тропка убегала вверх, к скрытой от мира деревушке, где жили великие мудрецы Сиваны. Багряно-огненное солнце медленно угасало, на смену ему уже спешила ночная мгла. Джулиан с удовольствием подставлял разгоряченное лицо свежему горному ветру. Последние лучи озаряли путь двум странникам, спешившим туда, где бывший адвокат надеялся обрести свое истинное «Я». Шагая рядом с монахом, победившим старость, он понимал: в его жизни происходит нечто такое, что сделает его другим человеком.

«Именно та минута изменила всю мою жизнь, и я никогда не забуду это», — признался Джулиан. Он всегда считал, что жизнь определяет не общее течение времени, а несколько самых важных мгновений, являющихся своего рода поворотными пунктами в человеческой судьбе. Сердце подсказывало ему, что именно с этой минуты его жизнь становится по-настоящему осмысленной и благодатной.

ГЛАВА ЧЕТВЕРТАЯ

УДИВИТЕЛЬНАЯ ВСТРЕЧА С МОНАХАМИ СИВАНЫ

Несколько часов они молча кружили по запутанным, терявшимся в высокой траве тропинкам. Наконец перед ними открылась широкая, полная дивной зелени долина, по одну сторону которой высились заснеженные вершины Гималаев, подобно часовым, стерегущим чуткий сон своих полководцев. С другой стороны долину ограждал густой сосновый лес, очаровывающий своей таинственностью.

Мудрец с улыбкой взглянул на Джулиана и ласково молвил: «Добро пожаловать в Сивану — оазис просветления!»

Вниз в долину вела тонкая, едва различимая в траве тропка. Горный воздух был напоен вечерней свежестью. Джулиан полной грудью вдыхал запахи сосновой смолы и сандала. Чтобы дать отдых уставшим от долгого пути ногам, он снял обувь и шагал босиком, наслаждаясь прохладой мягкого мха, выстилавшего их путь. Пышные россыпи орхидей и других ярких диковинных цветов, щедро разбросанных по этому великолепному лесному уголку, ласкали взгляд.

Уже слышались тихие голоса, доносящиеся порой из сердца долины — они успокаивали и услаждали слух. Джулиан молча следовал за мудрецом, поражаясь необыкновенной красоте удивительного места. Спустя четверть часа они спустились в долину. Перед Джулианом открылась картина, поразившая его до глубины души. За всю свою бурную, полную самого разнообразного опыта жизнь, он не видел ничего подобного. Сивана представляла собой маленькое селеньице, в котором все жилища, казалось, были сплетены из роз. В центре селения стоял миниатюрный храм — наподобие тех, что Джулиан видел в Таиланде и Непале. Только сиванский храм был сооружен не из кирпичей и резного дерева, а из лиан и листьев всех оттенков зеленого. Вершину его украшали белые, пурпурные и розовые цветы. Храм окружали небольшие домики, сплошь оплетенные розами. В этих скромных, но прекрасных домах и жили мудрецы Сиваны. От восторга и удивления Джулиан потерял дар речи. Наконец он увидел и самих обитателей. Они все были очень похожи на йога Рамана (так звали его немногословного спутника, который, как выяснилось, и был старейшиной и главой монашеской общины). Все население этого райского уголка отличала необыкновенная молодость. Они двигались легко и грациозно, но вместе с тем горделиво и уверенно. Джулиан отметил их сдержанность: вероятно, они не любили нарушать молчаливую гармонию, царившую здесь. Люди занимались своими делами, лишь изредка обмениваясь короткими негромкими фразами.

Мужчин в Сиване Джулиан насчитал не более десятка. Как и Раман, они носили пурпурные балахоны с темно-синими капюшонами. Казалось, появление Джулиана их не удивило: они встретили его спокойными дружелюбными улыбками. Джулиан не знал, чему более изумляться: их потрясающей физической форме или же их умиротворяющей безмятежности. Казалось, здесь никто никогда не знал, что такое стресс и суета — проклятье современной цивилизации. Хотя монахи почти никогда не встречали пришельцев из внешнего мира, никто из них не бросил своего занятия ради Джулиана. Его приветствовали лишь легкими кивками — и это все, чего удостоился гость, с трудом отыскавший их в затерянном горном краю.

Женщины Сиваны очаровали Джулиана с первого взгляда. Он невольно залюбовался их хрупкими фигурами, облаченными в нежно-розовые сари из тончайшего шелка, их прелестными темноволосыми головками, увенчанными белоснежными лотосами. В их ловких, расторопных движениях не было и следа суматохи, свойственной людям Запада. Одни женщины украшали храм: видимо, шла подготовка к какому-то религиозному празднику. Другие вносили туда связки хвороста, третьи расстилали вокруг храма яркие тканые коврики. Своим делом они занимались радостно и спокойно, не обращая никакого внимания на то, что происходит вокруг.

Но самое большое впечатление на Джулиана произвели лица обитателей Сиваны. Они наглядно доказывали, какие необычайные возможности таит в себе их образ жизни. Джулиан догадывался, что все они уже переступили порог зрелости, однако от каждого веяло обаянием юности. Глаза светились энтузиазмом молодости, а в лицах было что-то ангельское. Ни на одном лице Джулиан не заметил и намека на морщины, а в иссиня-черных волосах — ни единого седого волоска. Как ни старался, он так и не смог разглядеть в этих людях хотя бы каких-то признаков старения. Реальность походила на сон. Его угостили свежими плодами, которые, как он узнал позже, составляли секретный рацион, влияющий на уникальные физические данные жителей Сиваны. Раман пригласил его пожить в своей маленькой хижине, наполненной благоуханием цветов. Небольшая низкая кровать с лежащим на ней новеньким блокнотом составляла скромное убранство этого цветочного жилища.

Никогда прежде Джулиан не видел ничего, подобного Сиване. И тем не менее, он чувствовал себя так, словно вернулся домой после долгих странствий. Лишь здесь он понял, что такое утраченный рай, и какая дивная радость ждет всякого, кто вновь обретет его. Это маленькое селеньице, сплетенное из диких роз и экзотических цветов, вовсе не казалось ему чужим. Сердце подсказывало — здесь он свой среди своих, пусть и на короткое время. Именно здесь суждено было вновь разгореться тому огню, что освещал его жизнь до тех пор, пока его не затмила карьерная гонка и жажда мирской славы. Здесь, в укромном оазисе просветления, окрепнет и возрастет его дух. Джулиан стал одним из жителей Сиваны. И все еще было впереди.

ГЛАВА ПЯТАЯ

УЧЕНИК ВЕЛИКИХ МУДРЕЦОВ

Грезы великих мечтателей никогда не сбываются — их наследуют другие.

Альфред Л. Уайтхед

...Я взглянул на часы: около восьми, а я так и не подготовился к завтрашнему выступлению в суде. Какой же мелкой показалась мне вся эта рутина по сравнению с удивительной историей странствий экс-чемпиона судебных сражений, в корне изменившего свою жизнь благодаря встрече с мудрыми йогами Сивана! Но как же он преобразился! Быть может, думал я с робкой надеждой, и мне удастся овладеть секретами вечной молодости и гармонии? Слушая Джулиана, я остро осознал, что мое собственное бытие никак не назовешь осмысленным и полноценным. Мой дух давно жаждал обновления, ведь уже много лет я выполнял свои обязанности лишь по привычке, мое стремление ко всему новому давно погасло. Пока я был молод, любое, даже самое мелкое дело, если оно содержало что-то новенькое, увлекало меня.

Теперь же моя жизнь стала скучной и однообразной. Кто знает, может, и для меня настало время перемен?

Джулиан словно читал мои мысли. Не желая задерживать меня и в то же время понимая, какой жгучий интерес я испытываю к продолжению его рассказа, он заговорил быстрее.

Уже через несколько дней он стал в деревне своим. Жадно впитывал знания, которыми с ним щедро делились монахи. Его острый ум, природная проницательность и бойцовский дух, выкованный в сложнейших судебных боях, снискали уважение и любовь всей общины. Для монахов он стал больше, чем учеником — он стал их братом, равноправным и уважаемым членом их небольшой семьи.

Джулиан страстно желал как можно скорее овладеть тайным знанием о скрытых возможностях тела и души, научиться расширять сознание и контролировать дух. Он ни на шаг не отходил от йога Рамана и все часы бодрствования проводил в занятиях. Рамана он воспринимал даже не как учителя — глава общины стал для него отцом, хотя был немногим старше самого Джулиана. Чем больше Джулиан узнавал его, тем больше преклонялся перед многовековой мудростью, хранителем которой был старейшина. Его поражало внимание Рамана и то, как он заботится, чтобы ни одна крупица драгоценного знания не ускользнула от бывшего адвоката.

Они начинали заниматься еще до того, как первый луч солнца позолотит верхушки Гималаев. Раман делился с Джулианом откровениями о смысле бытия, обучал его древним методам, позволяющим наполнить жизнь силой, здоровьем и творческим духом. Джулиан постигал принципы долгой, счастливой жизни, не знающей старости и болезней. Он с удивлением узнал, что эти практики, ныне известные лишь посвященным, когда-то были доступны каждому. Основой же всего являются два качества, без которых существование человека никогда не придет к гармонии. Это умение владеть своими чувствами и ответственность за свои поступки и решения. Только они дают человеку возможность избежать разрушающего влияния внешнего мира.

Дни летели за днями. Джулиан жил в общине уже несколько месяцев. Постепенно он начал ощущать силу собственного сознания. Эта сила давно дремала в нем, ожидая, когда мощный импульс стремления к высшей цели пробудит ее для действия. Но не все время было отдано практическим занятиям. Бывало, что Джулиан и Раман целыми днями сидели где-нибудь на краю долины, созерцая рассветы и закаты. Или же медитировали в каком-нибудь укромном уголке. Иногда они удалялись в сосновую глушь и подолгу гуляли, беседуя о возвышенном.

Первые изменения в себе Джулиан заметил уже спустя три недели своего пребывания в Сиване. Сначала Джулиан стал замечать красоту самых обыденных вещей, таких как звездное небо или капли росы на паутине. Он с радостью открывал прекрасное там, где раньше его совсем не замечал. Эти открытия складывались в глобальные перемены его мировоззрения.

Всего через месяц после того как он впервые стал использовать древнюю мудрость на практике, Джулиан почувствовал тот совершенный покой, что так поразил его при первой встрече с мудрецами Сивана. Ему сопутствовали энтузиазм, здоровье и прекрасное расположение духа. Каждый новый день приносил новые знания и впечатления.

Скоро он заметил, как возросли его душевные и физические силы. Исчез лишний вес, который в последние годы был причиной многих его недугов. Его тело стало крепким и подтянутым. С лица сошла нездоровая бледность, на щеках заиграл румянец. Он чувствовал себя не просто здоровым. Он ощущал бесконечную силу, с помощью которой мог совершить все что угодно. Он почувствовал вкус к жизни и научился видеть Божественный замысел во всем, что его окружает. Система древних знаний, хранящихся в общине мудрецов Сивана, сотворила с ним настоящее чудо.

Джулиан перевел дух, будто вспоминая о тех днях, а затем продолжил свой рассказ.

— Знаешь, Джон, там я понял одну важную вещь. Вселенная — это хранилище чудес. Но самое чудесное в ней то, что вся Вселенная способна поместиться в человеческом сердце. И когда ты открываешь в себе Вселенную, то понимаешь, что сравнению с этим никакой успех, никакая карьера, никакие деньги ровным счетом ничего не значат. Счастье не измеряется в валюте. Все, что важно и действительно значимо — то, чем ты являешься на самом деле. Твой внутренний рост. Теперь я точно знаю, что преуспевание и гонка за успехом — совсем не одно и то же. Когда я был успешным адвокатом, я считал людей, совершенствующих свой духовный мир, чудаками и нередко посмеивался над ними. «У каждого свои тараканы», — думал я тогда. Но живя в Сиване, я узнал, что без постоянной работы над собой, без внутреннего роста, без очищения сознания невозможно достичь ни душевной гармонии, ни физического благополучия. Разве можно помочь кому-то другому, если ты не помог себе? Разве можно делать добро, если ты болен, разбит и пребываешь в унынии? Как я могу полюбить своего ближнего, если не люблю себя? Любовь к миру начинается тогда, когда ты понимаешь, что самое великое сокровище для тебя — ты сам, твоя собственная душа. И лишь когда ты начинаешь ценить собственную душу, ты начинаешь понимать и ценить этот мир.

Собственные слова, похоже, взволновали Джулиана. Он смутился:

— Прости за многословность, Джон. Просто я еще никому не рассказывал обо всем, что случилось со мной за эти три года. Я пережил огромное душевное потрясение, я внутренне переродился там, в горах. Мне открылись такие тайны Вселенной, что я просто не могу держать их в себе. Я должен поделиться тем, что мне посчастливилось узнать.

Джулиан посмотрел на часы и стал собираться. Я остановил его:

— Ты же не можешь вот так просто замолчать на полуслове и уйти? Я тоже горю желанием познать ту мудрость, которой ты научился у монахов в Гималаях. Ты ведь обещал своим наставникам передать это знание нам, людям Запада? Пожалуйста, не оставляй меня в неведении, иначе я сойду с ума!

— Не беспокойся, дружище, я не оставлю тебя, — успокоил меня Джулиан. — Ты же знаешь, что я довожу до конца любое дело, и уж если я разжег твое любопытство, то непременно удовлетворю его. Но у тебя есть свои обязанности, а у меня — свои. Ты должен закончить все, что запланировал на сегодня. Мне тоже надо заняться кое-какими делами и кое-кого навестить.

— Хорошо, но только скажи мне: как ты думаешь, смогу ли и я овладеть той системой, которая помогла тебе так преобразиться?

— Готов ученик — готов и учитель, — ответил Джулиан, глядя на меня своими сияющими молодыми глазами. — Ты, да и не только ты, многие люди готовы воспринять знания, носителем которых я являюсь сейчас. Тайны сиванских монахов должны быть доступны им. Любой человек, готовый к восприятию этого знания, может изменить свою жизнь. Люди должны знать о том, что на самом деле они были рождены совершенными, и к этому состоянию просто нужно вернуться. Я обещаю: научу тебя всему, что узнал сам. Я приду завтра вечером и расскажу все, что тебя интересует. Ты сумеешь подождать до завтра?

— Ну, раз я как-то жил без этого до сегодняшнего дня, проживу и еще сутки, — ответил я с нескрываемым разочарованием.

Гений адвокатуры, а ныне — один из мудрецов Востока, распрощался со мной и ушел. Я же остался наедине со своими мыслями и вопросами, на которые не было ответа.

Я сидел в своем кабинете, размышляя над тем, как все же интересно устроен наш мир. Рядом со мной существует целый океан мудрости — а я еще даже ног не замочил. Смогу ли я так же, как и Джулиан, открыть для себя прелесть обыденных вещей? В молодости я был охвачен жаждой познания мира. Мне бы хотелось вернуть тот душевный пыл. Кто знает, может, мне тоже нужно отказаться от адвокатской практики? Возможно, во мне дремлют таланты, о которых я даже не подозреваю? Раздумывая над всеми этими непростыми вопросами, я погасил свет, повернул ключ в двери кабинета и вышел в душную летнюю ночь.

ГЛАВА ШЕСТАЯ

ТАЙНА ДУХОВНОГО ПРЕОБРАЖЕНИЯ

Я — творец собственного мира: я живу, значит, я творю.

Сузуки

Верный своему слову, на следующий вечер Джулиан был у меня. Около четверти восьмого я услышал стук в парадную дверь своего дома, похожего на все дома Кейп-Кода, с пошлыми розовыми ставнями, которые, по мнению моей жены, делают наше жилище кандидатом на обложку «Архитектурного обозрения».

Сегодня Джулиан выглядел очень странно. Нет, он был все так же молод и бодр, от него веяло все тем же покоем и внутренней тишиной. Но его наряд... честно говоря, едва взглянув на его одеяния, я смутился. Он был облачен в багряно-красную хламиду с темно-синим капюшоном, край которой был украшен замысловатой вышивкой. Меньше всего я ожидал увидеть в этом респектабельном районе человека, одетого как цирковой факир. Стоял обычный июльский вечер, от духоты было трудно дышать — так почему же Джулиан не скинет со своей головы капюшон?

— Приветствую тебя, друг мой, — сердечно произнес Джулиан. — Приветствую тебя! Однако ты выглядишь смущенным. Быть может, ты ожидал увидеть меня в костюме от «Армани»?

Мы рассмеялись — сначала негромко, затем расхохотались от души. К моему великому облегчению, мудрость веков не лишила Джулиана его знаменитого чувства юмора.

Я пригласил его в свою уютную гостиную, обставленную стильной мебелью и милыми вещицами. Мы сели, и в руках у Джулиана я заметил красивые деревянные четки.

— Какая дивная вещь, — сказал я заинтересованно. — Что это, Джулиан?

— Обо всем в свое время, — улыбнулся он, перебирая резные бусины. — Сегодня нам нужно обсудить много других важных вопросов.

— Так начинай же скорее! — воскликнул я. — Ты не представляешь, сколько я всего передумал и как волновался перед нашей сегодняшней встречей. Я даже толком ничего не сделал по работе.

Джулиан без лишних слов продолжил свое повествование о том, как удивительно легко и приятно происходило его внутреннее преображение. Я изумлялся, слушая о древних методах расширения сознания, которые позволяют полностью избавиться от беспокойства и стресса — недугов, поразивших наше общество. Он рассказывал мне о великом искусстве жить настоящим моментом, сохраняя творческую энергию. Этим искусством в совершенстве владели Раман и его собратья по сиванской общине. Кроме того, Джулиан поведал мне, как можно открыть в себе источник вечной молодости и здоровья. Этот источник, утверждал он, есть в каждом человеке. Тот, кто откроет в себе этот источник, сможет не только исцелиться от любого заболевания, но и вернуть ушедшую молодость, и прожить бесконечно долго.

Странное дело: чем убежденнее он говорил, тем меньше я доверял его словам. Быть может, это какое-то мошенничество, жертвой которого я могу стать? В конце концов, этот гарвардский отличник всегда славился своими розыгрышами и проделками. Его история больше смахивала на небылицу. Я просто не мог поверить, что один из лучших адвокатов страны заворачивается в простыню, продает свое имущество и отправляется в какую-то «духовную одиссею» по горам Индии — и ради чего? Чтобы в один прекрасный день предстать передо мной в облике гималайского мудреца? Нет, не может быть — слишком невероятно.

— Все, Джулиан, пошутили, и хватит. Я признаю: розыгрыш удался, но и ты скажи откровенно — где ты взял этот наряд? В прокате цирковых костюмов? — я выдавил из себя подобие усмешки.

Мое недоверие, казалось, Джулиана нисколько не удивило. Он с готовностью отозвался:

— Скажи, Джон, если бы тебе довелось быть моим адвокатом, какие доказательства ты представил бы в пользу моей правоты?

— Вещественные, фактические, — ответил я не задумываясь.

— Именно. Почему же ты игнорируешь эти доказательства? Взгляни на мое лицо, на мое тело! Заметил ли ты у меня хотя бы одну морщину? Или я все еще выгляжу как тот толстый немощный старик, которым был когда-то? А моя энергия, мое внутреннее спокойствие? Тебе недостаточно этих доказательств?

Он был безусловно прав. Несколько лет назад он выглядел, как мой отец или даже дед.

— Ты хочешь сказать, что твое тело — не результат искусства пластических хирургов? — скептически скривился я.

Он улыбнулся.

— Нет, Джон. Пластическая операция может изменить внешний облик, но душа человека неподвластна никакой хирургии. Чтобы стать таким, мне нужно было измениться изнутри. В моей прежней жизни отсутствовала гармония, я вел беспорядочное существование, и это чуть не убило меня. Сразивший меня инфаркт был не самым серьезным моим недугом. Моя душа была больна, и больна смертельно.

Я все еще не мог до конца ему поверить. Джулиан отнесся к этому очень спокойно. Он просто взял чайник и стал наливать чай в мою чашку. Я с тревогой следил за тем, что он делает. Вот уровень жидкости дошел до середины чашки… до краев… а Джулиан все продолжает лить! Чай перелился через край, заполнил блюдечко, пролился на стол, а со стола — на дорогой персидский ковер, которым так гордится моя жена! В конце концов, я не выдержал:

— Джулиан, ты что, не видишь — моя чашка не просто полна, она переполнена! Ты что, пытаешься вместить содержимое целого чайника в одну маленькую чашку?!

Он посмотрел на меня долгим проницательным взглядом.

— Прости за ковер, Джон, — и постарайся понять меня. Ты — один из людей, которых я всегда уважал и любил. Но ты уподобляешься этой чашке. Ты до краев наполнен собственными установками и стереотипами. Если ты не освободишь чашу своего ума, то как сможешь усвоить что-то новое?

Его слова сразили меня своей логикой. Я слишком долго варился в юридическом соку, на протяжении многих лет встречаясь с одними и теми же людьми, занимаясь одними и теми же вопросами. Все эти вопросы, люди, их разговоры и мысли заполняли мое существование целиком. Даже моя жена Дженни отмечала, что я закис в адвокатской рутине, и нам как воздуха не хватает новых знакомств и впечатлений. «Ты слишком идеален, Джон, — сетовала она, — в тебе нет какой-то сумасшедшинки».

Действительно, я не помню, когда в последний раз брал в руки книгу, не касающуюся юридических вопросов. Я давно забыл, как звучит моя любимая песня. Я тысячу лет не был ни в музее, ни даже в кино. Профессия стала моим вторым «Я» — и это, безусловно, ограничивало мой кругозор. Я перестал творить, превратился в офисный планктон — и я должен был это признать.

— Хорошо, соглашусь, — сдался я. — Годы судебных разбирательств сделали из меня закоренелого скептика. Как только ты появился на пороге моего рабочего кабинета, мое чутье уже подсказывало мне, что все это не сон. Я сразу понял, что мне давно пора встать на новые рельсы. Думаю... я просто боюсь покидать привычный мир.

— Джон, сегодня — первый вечер твоей новой жизни, — тихо и строго произнес Джулиан. — Но ты должен очень серьезно подойти к тем вещам, которым я стану обучать тебя. Все методы самопознания и самоочищения нужно применять всего лишь месяц. Но чтобы они подействовали, все твое существо должно открыться для нового знания, которому несколько тысяч лет. Если бы эти методы не имели никакого эффекта, они бы просто не дожили до наших дней.

— Целый месяц? — задумался я, прикидывая, как это отразится на моем рабочем графике. — Не так уж и мало.

— Да, — кивнул Джон. — Целый месяц. Шестьсот семьдесят два часа работы над собой. Взамен ты получаешь жизнь, полную молодости, энергии, наслаждения каждым вдохом. Разве плохая сделка? Ты же сам понимаешь: лучшая инвестиция — вложение в самого себя. К тому же, есть древнее правило: изменяя себя, мы изменяем мир. Твои внутренние перемены затронут всех, кто тебя окружает.

— Это каким же образом?

— Видишь ли, Джон, невозможно полюбить и понять других людей до тех пор, пока ты не поймешь и не полюбишь себя самого, — отеческим тоном ответил Джулиан. — Ты откроешь им свое сердце, подаришь свою теплоту и любовь — и они ответят тебе тем же. Все, что нужно — отыскать внутренний ориентир. И тогда возможности твои будут просто безграничны.

— Да что же такое может приключиться со мной за эти шестьсот семьдесят два часа? — изумился я.

— Твое сознание, тело и дух изменятся настолько, что тебе будет трудно поверить, что все это происходит с тобой. У тебя появится огромное количество энергии, вдохновение не будет покидать тебя, твой внутренний мир войдет в полную гармонию с миром внешним, — ответил он. — И эти изменения не ускользнут от посторонних взглядов. Все заметят, что ты помолодел, выглядишь гораздо бодрее и счастливее. Ты ощутишь великую благодать равновесия, и эта благодать останется с тобой на всю жизнь. Но все это будет лишь «побочным эффектом» чуда, которое с тобой сотворит мудрость Сиваны.

— Потрясающе!

— То, о чем ты сегодня услышишь, поможет тебе не только наладить твою внешнюю жизнь, но и раскрыть мощный потенциал твоего духа. Уроки древних ныне столь же актуальны, как и тысячи лет назад. Они помогали многим поколениям людей найти свое истинное «Я». Они и тебе помогут найти себя. Ты можешь спросить: а что мне это даст? Я отвечу так: ты будешь богат — но не внешним богатством (хотя эта система может дать тебе все земные блага). Прежде всего, ты станешь внутренне богат, и полнота твоего духа начнет изливаться на все, что ты делаешь и на всех, с кем ты общаешься. Твои мысли, решения и поступки станут более творческими, более эффективными. Это знание несет в себе великую силу. Оно логично, просто, доступно каждому, и главное — оно прошло испытание временем и закалилось в горниле веков. Однако прежде чем я открою тебе его, ты должен мне кое-что пообещать, — он взглянул на меня вопросительно.

При этих словах я поморщился: ну конечно же. Я как раз ожидал услышать что-либо в этом роде. «За удовольствия нужно платить», — учила меня моя мудрая мать. Естественно, сейчас будут выдвинуты условия.

— Слушаю тебя, — произнес я холодно.

— Овладев всеми знаниями и приемами Сиванских мудрецов, ты почувствуешь в себе необыкновенную силу, которая поможет тебе изменить свою жизнь, — не обращая внимания на мой тон, продолжил Джулиан. — Но эту силу нельзя использовать исключительно в своих корыстных целях. Она понадобится тебе для выполнения сложнейшей миссии, которая заключается в передаче этих знаний другим людям. Я прошу тебя об этом потому, что в свое время пообещал йогу Раману принести их знания людям. Выполняя свою миссию, ты поможешь мне сдержать слово.

Я облегченно вздохнул и с радостью согласился. И в тот же вечер началось мое обучение. Приемы и методы сиванских мудрецов были многочисленны и разнообразны. Но в основе этой, на первой взгляд, мудреной системы лежали семь священных принципов, или семь добродетелей. Они открывали ключ к просветлению и полному преображению человеческой сущности.

Об этих добродетелях Джулиану поведал йог Раман. Это случилось через два месяца после его появления в Сиване. Одной ясной ночью, когда небо было светло от звезд, Раман постучался в двери скромной обители Джулиана. Община уже давно спала, и Джулиан удивился столь позднему визиту. Раман говорил негромко и ласково — так, как учитель разговаривает со своим любимым учеником.

— Я внимательно слежу за тобой, Джулиан, и вижу, что ты — достойный человек. Ты всей душой стремишься к добру и жаждешь наполнить свою жизнь благими делами. Ты уважаешь наши традиции, ты стал членом нашей дружной семьи. Наши ежедневные ритуалы стали для тебя потребностью — и ты наверняка заметил, как благотворно действуют они на все твое существо. Наш уклад жизни не чужд тебе, тебя не смущает простая и скромная жизнь, которую мы ведем на протяжении многих веков. Люди, воспитанные цивилизацией, часто относятся с высокомерием и непониманием к тем, кто всем достижениям прогресса предпочитает простую жизнь, без излишеств и суеты. Ты пребываешь у нас недолго, но за это короткое время успел понять главное: то, что сокровища духа превыше всех благ цивилизации. Мы обладаем этими сокровищами — но мы не хотим скрывать их от мира. Наше знание известно лишь немногим, и это тяготит нас. Мы не хотим быть единственными хранителями той жизненной мудрости, которая способна сделать человека просветленным.

Мы нуждаемся в том, чтобы наше знание стало известно миру — потому что мир погибает без него. Ты два месяца живешь в Сиване, и я хочу, чтобы третий месяц стал началом твоего обучения священным тайнам бытия, на которых основана наша система. Я лично буду наставлять тебя, и буду это делать не только ради тебя самого, но ради всего мира. Я стану обучать тебя так же, как обучал своего маленького сына. Уже несколько лет как его нет с нами: он перешагнул порог земного бытия. Я не жалею об этом и не спрашиваю Небеса, почему он должен был умереть в столь невинном возрасте. Ведь тот, кто ропщет, просто не понимает, что у каждого человека — своя дорога. Видимо, просто пришло его время. Пока он был с нами, я каждую минуту проводил с ним, и наше общение доставляло мне подлинную радость.

Возможно, видя мое смирение перед Высшим Промыслом, небо послало мне тебя вместо него, и я благодарен Провидению за то, что могу обучить тебя всему, чему не успел научить собственного сына.

...Я посмотрел на Джулиана. Глаза его были полуприкрыты — рассказывая, он вновь переживал все, что случилось с ним в Сиване, одарившей его бесценной мудростью индийских йогов. Помолчав немного, он продолжил.

— Семь добродетелей, о которых говорил Раман, описаны в одной очень необычной притче. Эта притча, быть может, покажется тебе несуразной, но в ней — основа всей мудрости. Прошу тебя: отключи свой критический ум, ибо эту мудрость может воспринять лишь человек с чистым сердцем и открытым сознанием. Итак, — продолжал он загадочным тоном, — закрой глаза и представь, что ты сидишь на цветущей поляне посреди великолепного весеннего сада. Воздух напоен ароматами диковинных цветов, которых не бывает в реальной жизни. Ты наслаждаешься покоем и безмятежностью этого уединенного уголка. Ты никуда не спешишь, у тебя в запасе целая вечность. Твое внимание привлекает высокий красный маяк, стоящий неподалеку. Ты раздумываешь, зачем он здесь поставлен — ведь рядом нет ни моря, ни даже реки, и тут твои размышления прерывает скрип открывающейся двери на маяке. Из нее выходит толстый узкоглазый великан, напоминающий японского борца сумо — и направляется прямо к центру сада.

Ты недоумеваешь, откуда он взялся, и тут замечаешь еще более поразительную вещь! Этот японский борец обнажен! К счастью, не полностью: его бедра обмотаны... розовым проводом. Привольно разгуливая по саду в своей экзотической «набедренной повязке», борец сумо вдруг что-то замечает в траве. Он берет находку в руки — это оказывается секундомер из чистого золота. Видимо, кто-то обронил эту вещь здесь несколько лет назад. Борец поднимает секундомер — и вдруг выпускает из рук, словно его находка весит целую тонну. Золотая вещица падает, производя оглушительный треск, от которого борец сумо падает в обморок. Он долго лежит, не дыша и не двигаясь, и ты решаешь, что он испустил дух. Рядом с великаном прямо на твоих глазах распускается куст желтой розы — и он приходит в себя. Как ни в чем не бывало борец вскакивает на ноги. Вдруг он резко поворачивается налево, и ты понимаешь, что его внимание привлекло что-то необычное. Ты смотришь в ту же сторону и видишь там тропинку, усыпанную сверкающими алмазами. Эта тропинка манит борца, и он бесстрашно идет по ней. Что-то подсказывает тебе, что эта необычная тропа ведет к просветлению.

Когда я открыл глаза, Джулиан сказал, что эта притча его самого привела в недоумение. Он признался, что в тот момент, когда они с Раманом сидели на вершине горы и монах, озаренный светом костра, рассказывал ему весь этот бред, он был недалек от мысли, что йог просто морочит ему голову.

Как я понимал Джулиана! Ведь я тоже приготовился окунуться в глубину вечного откровения, которое, возможно, перевернет все мои представления о жизни. А что я услышал вместо этого? Какую-то нелепицу о красном маяке и японском борце сумо, обмотавшемся розовыми проводами.

Вот и Джулиан был так же разочарован и смущен. Это не ускользнуло от проницательного взгляда Рамана.

— Простота не так проста, как кажется на первый взгляд, — сказал он Джулиану, улыбаясь. — Ты, возможно, ожидал услышать историю, которая потрясет тебя красотой своих логических построений. Но если ты вдумаешься в эту притчу, то поймешь, что в ней есть зерно здравомыслия, а суть ее лежит на поверхности. Я выбрал форму притчи, потому что с нашей первой встречи думал над тем, в какой форме ты сможешь воспринять нашу мудрость. Быть может, ты нуждаешься в курсе лекций, и я должен устроить для тебя нечто вроде университета? Но затем я понял, что это слишком привычно для тебя. Не сломав свои старые установки, ты не сможешь воспринять сверхъестественную природу древнего знания. И я решил попросить всех жителей обители, братьев и сестер, по очереди заниматься с тобой, чтобы ты усваивал разные взгляды на нашу философию. Однако я скоро понял, что ты нуждаешься в едином наставнике. Путем долгих размышлений я пришел к выводу, что твое сердце откликнется на короткую необычную притчу, в которой раскрыты все семь истин сиванской мудрости.

Мудрец улыбнулся и продолжил:

— На первый взгляд, эта притча больше похожа на несуразную, лишенную всякой логики историю, которые так любят выдумывать дети. Но вдумайся в нее, и ты поймешь, что каждая вещь в этой притче — на своем месте. Она воплощает в себе один из принципов просветления и несет глубочайший смысл. Сад. Маяк. Борец сумо с повязкой из розового провода. Золотой секундомер, распустившийся куст желтых роз и бриллиантовая тропа — все это символы семи вечных добродетелей, овладев которыми, человек достигает полноценной жизни. Эти символы необычны и несочетаемы — но именно это и позволяет тебе запомнить их все. Эта притча хороша тем, что мгновенно отпечатывается в сознании — а значит, ты уже обладаешь семью вечными добродетелями, которые поднимут твою жизнь до уровня полубога. Все, что тебе нужно знать и уметь, ты найдешь в этой притче. Просто ты пока не понимаешь истинного смысла этих символов, но когда он откроется тебе, ты начнешь изменяться сам, и начнет меняться жизнь вокруг тебя. Применяй эту мудрость каждый день, и перемены не заставят тебя ждать. Ты будешь совершенно другим человеком — интеллектуально, эмоционально, физически и духовно. Запоминается эта притча легко, я прошу тебя лишь об одном: прими ее всем сердцем, просто поверь в то, что это истина! И тогда твоя жизнь расцветет.

— После этих слов, — сказал Джулиан, — я на самом деле поверил в эту необычную историю. Я вспомнил слова Юнга о том, что «мы видим ясно только тогда, когда смотрим внутрь себя. Смотрящий наружу видит сон, смотрящий в свое сердце — пробуждается ото сна». Именно это и произошло со мной в ту звездную ночь на вершине горы. Я заглянул в свое сердце, и дух мой пробудился. Я открылся новому знанию, позволяющему расширить сознание, омолодить тело и обновить душу. Теперь я должен поделиться этим знанием с тобой.

ГЛАВА СЕДЬМАЯ

САМЫЙ ВОЛШЕБНЫЙ САД НА ЗЕМЛЕ

Большинство людей — умственно, физически и нравственно — существуют в узких рамках привычных представлений о собственных возможностях. Между тем, у каждого из нас есть неисчерпаемые источники силы, о которых мы даже не подозреваем.

Уильям Джеймс

Джулиан начал объяснять мне, что означает каждый из символов притчи.

— Сад означает наше сознание, — сказал он. — Тот, кто регулярно очищает сад своего сознания, вносит нужные удобрения, возделывает его, получает богатый урожай. Сад зеленеет и цветет, становится все краше и краше. Но у нерадивого садовника сад зарастает сорняками, а культурные растения погибают. Скажи мне, Джон, что ты будешь делать, если я войду в твой небольшой садик, которым ты так гордишься, и полью твои великолепные цветы ядом? Ты будешь вне себя от ярости, не так ли?

— Разумеется! — вскрикнул я.

— Любой нормальный садовник следит за тем, чтобы никакая зараза и отрава не попала на растения, — Джулиан говорил медленно и отчетливо, словно подбирая нужные слова. — Но почему-то почти все люди не считают опасным, когда отрава проникает в сад их сознания. Более того: они сами вносят в него ядовитые вещества! Эти яды — стресс, беспокойство о прошлом или тревога о будущем, отравляющая жизнь печаль, страх и недоверие. Все это отравляет наше существование и превращает нашу жизнь в хаос. Знаешь ли ты, что мудрецы Сиваны обозначают слова «беспокойство» и «гроб» одним иероглифом? Поначалу я думал, что это простое совпадение, но Раман сказал мне, что это вовсе не случайность. Словно в погребальном костре, в беспокойстве сгорает творческая энергия ума и души. Чтобы жизнь была полноценной и энергия не исчезала, человек должен стоять на страже своего сознания и тщательно проверять удобрения, которыми он питает почву своего сада. В сознание нужно допускать лишь ту информацию, которая необходима для нормальной жизнедеятельности. Извини, но ты просто не можешь позволить себе роскошь беспокоиться о чем-либо или чего-то бояться. Ни на секунду ты не должен позволять этим вампирам проникать в свой сад сознания. Как верный страж, ты должен охранять свой сад от всякой отрицательной мысли. Как ты думаешь, чем просветленные мудрецы Сиваны отличаются от нас с тобой? Да ничем! Они созданы из той же плоти и крови, что и мы. Их источником является один и тот же Творец мироздания. Просто они относятся к категории тех людей, которые хотят от жизни чего-то большего, нежели просто материальное благополучие. Из искры своих талантов они возжигают великое пламя. Все их жизни — волшебный танец, озаренный отблеском этого пламени. От обычных людей они отличаются лишь тем, что мыслят в положительном ключе и не тратят свою жизнь на тревоги и стрессы. Мудрецы поведали мне, что человек впускает в свое сознание примерно шестьдесят тысяч мыслей в течение всего дня. Можешь ли ты представить себе, что из всего этого огромного количества мыслей лишь пять процентов относятся к чему-то новому? Девяносто пять процентов наших сегодняшний мыслей — это то, о чем мы думали вчера, позавчера, год назад...

— Да ладно... — я недоверчиво посмотрел на Джулиана.

— Именно так! — подтвердил он. — Это настоящий диктат привычки, который забирает у мозга всю энергию. Почему так удобно думать о знакомых вещах? Потому что это создает иллюзию безопасности. Но ведь люди привыкают думать о плохом, привыкают ждать плохого и готовиться к плохому. Вместо того чтобы заниматься созиданием, размышляя над тем, как сделать жизнь лучше, они попадают в вечную тюрьму своего прошлого. О чем думает большинство людей? О прошедшей любви, несбывшихся мечтах, утраченных возможностях или финансовых проблемах. Иные тоскуют по счастливому детству — хотя, положа руку на сердце, у кого оно было безоблачным? А как много внимания люди уделяют вещам, которые и вовсе ничего не значат? Например, о косом взгляде продавщицы в овощной лавке или коллеги по работе. Если человек впускает в себя подобные мысли, он подвергается разрушительному воздействию яда, имя которому — беспокойство. Люди сами отказываются от огромной силы, заложенной в их природе. Мы все от рождения чудотворцы, нужно лишь позволить себе творить чудеса. Пока человек находится в плену привычных мыслей, он никогда не сможет понять, что секрет счастья заключается в управлении сознанием.

Изменить сознание совсем не трудно, — говорил Джулиан, — ведь мышление — это всего лишь привычка. Люди привыкли мыслить бесконтрольно, и даже не подозревают, какое огромное воздействие разум оказывает на их жизнь. Я был потрясен, когда узнал, что даже самые великие умы человечества пользовались лишь сотой долей своего интеллектуального потенциала. Лишь мудрецам Сиваны хватило мужества исследовать те части мозга, которые не участвуют в привычном мышлении. Ты представить себе не можешь, к каким поразительным результатам это привело. Йог Раман способен силой мысли замедлять или ускорять сердечный пульс. Он может не спать неделями — и это только некоторые из чудесных способностей, которые он открыл в себе. Но все это лишь побочные эффекты, а не главная цель. Твой мозг — величайший дар природы, и я очень прошу тебя относиться к нему соответственно.

— Хочешь сказать, что есть практики, благодаря которым можно стать обладателем супермозга? — хмыкнул я. — Да, остановить сердце посреди вечеринки — это произведет впечатление! То-то все переполошатся!

— Не о том ты думаешь, Джон, — Джулиан строго посмотрел на меня. — Я научу тебя многим приемам — ты попробуешь их на деле и поймешь, какую мощь таят в себе древние духовные практики. Сейчас тебе нужно усвоить, что просветление — не что иное, как результат благоприятных условий, и эти условия ты создаешь сам. Ни ты, ни я, ни другие люди по большому счету ничем не отличаются друг от друга. Наша кровь имеет один и тот же состав, и дышим мы одним и тем же воздухом. Все различие состоит только в том, как человек заботится о своем теле и сознании. Именно это и делит человечество на счастливых и несчастливых. Тот, кто регулярно очищает сознание и обогащает свой внутренний мир, перестает влачить жалкое существование обывателя и привносит в свою жизнь настоящую магию.

Глаза его загорелись: я видел, что слова о магии сознания для него не пустой звук, он из собственного опыта знает, какие великие сокровища скрывает в себе человеческий дух.

— На свете есть лишь одна вещь, Джон, которая целиком и полностью находится в нашей власти, — загадочно произнес он.

— Знаю, — улыбнулся я. — Это наши дети.

— Вовсе нет, — отрезал Джулиан. — Я говорю о сознании. Мы не можем контролировать других людей (в том числе и собственных детей) так же, как не можем контролировать погоду или дорожный трафик. Единственное, над чем мы имеем абсолютную власть — это наше отношение к окружающим людям, событиям и обстоятельствам. Никто не может нам указывать, о чем мы должны думать в тот или иной момент. Это главная способность человека, которая отличает его от других существ. И это — один из столпов древней мудрости Востока, открывшейся мне в моей «одиссее». Все великие истины просты, и эта — не исключение.

Джулиан погрузился в раздумья, будто вновь и вновь переосмысливал сказанное. После небольшой паузы он продолжил:

— Подумай, что такое «объективная реальность»? Существует ли она в принципе, и есть ли у нее неоспоримые критерии? Я думаю, что нет. Самый страшный враг может в любой момент стать твоим лучшим другом. Самая великая трагедия может обернуться невероятными возможностями. Нет оптимистов и пессимистов, есть люди, которые смотрят на мир с разных точек зрения.

— Прости, Джулиан, я не пойму, какие возможности могут возникнуть в трагедии, — мрачно отозвался я, подумав о своем. — Горе есть горе.

— Я объясню тебе на примере реального случая, — спокойно ответил Джулиан. — В Калькутте я познакомился со школьной учительницей, ее звали Малика Чанд. Она была преподавателем от Бога, и каждого ученика воспринимала как собственного ребенка. Она всегда говорила: «Неважно, каков уровень вашего IQ, важно лишь то, о чем вы мечтаете». В своей общине она пользовалась репутацией человека, готового всегда прийти на помощь ближнему. Но в один злосчастный день ее любимая школа, где она с таким успехом развивала таланты своих учеников, сгорела. Говорили о поджоге, но преступника так и не нашли. Это была огромная потеря для общины. Погоревав, люди решили: раз уж так сложилось, значит, дети просто останутся неучами.

— И что же Малика?

— О, Малика не смирилась с этой трагедией, — довольно проговорил Джулиан. — Она из породы людей, кто и на смертном одре будет радоваться. Она не стала горевать, как прочие, а увидела в этом волю Провидения. Родителям учеников она объявила, что случилось то, что должно было случиться. Старое здание школы уже давно было не пригодно для уроков. Дырявая крыша текла, ветхие стены дрожали от детских голосов, а трухлявый пол давно просел от беготни резвых ножек. Но покуда здание стояло, ни у кого и мысли не шевельнулось о том, чтобы построить новую школу. Теперь же сама жизнь заставляет всех объединиться и выстроить новое современное здание, которое прослужит не одному поколению детей. Подумай только: хрупкая старушка, которой было на тот момент шестьдесят четыре года, смогла воодушевить и объединить множество людей для общего благого дела. Они собрали необходимые средства, и вскоре их дети ходили в новую, красивую, хорошо оборудованную школу. Это ли не пример победы сознания над обстоятельствами?

— Стакан наполовину пуст или наполовину полон — решаем мы, — глубокомысленно изрек я, вспомнив прочитанную где-то мудрость.

— Именно так, — кивнул Джулиан. — Жизнь непредсказуема, и в любой момент может случиться все что угодно. Ты спокойно наслаждаешься отдыхом после работы и не знаешь, что беда уже на пороге твоего дома. Внешние обстоятельства не в твоей власти — но лишь от тебя зависит, как ты отреагируешь на них. Если ты посеешь в своем сознании привычку видеть свет в любом человеке и событии, то жизнь твоя преобразится. Она наполнится светом. Это величайший и непреложный закон бытия.

— Это и есть то, что ты называешь более эффективным использованием разума? — предположил я.

— Абсолютно верно, Джон, — кивнул Джулиан. — Путь к успеху начинается с одной мысли. Если каждая твоя мысль будет нести в себе семена успеха, то жизнь твоя будет благополучна как в материальном, так и в духовном отношении. Твое внутреннее состояние влияет на внешние обстоятельства настолько, что можно с уверенностью сказать: наши мысли формируют мир вокруг нас. Обладая контролем над сознанием, ты можешь взять судьбу в свои руки.

— Ты говоришь об очень глубоких и важных вещах, Джулиан, — вздохнул я тяжело. — Моя жизнь состоит из одной суеты... у меня просто нет времени думать о том, кто я есть и что я могу. Когда я учился в Гарварде, мой однокашник Алекс постоянно цитировал книги по саморазвитию. Он утверждал, что они помогают ему лучше справляться с учебными нагрузками, заряжают бодростью и оптимизмом. Я никогда не забуду, как он поразился тому, что в китайском языке для слова «кризис» есть два иероглифа. Один из них переводится как «опасность», зато другой означает «возможность». Еще тогда я подумал, что древние китайцы хотели этим напомнить, что у каждой медали есть две стороны, и в любой критической ситуации можно найти положительные моменты.

— Йог Раман говорил об этом так: «Наша жизнь — это не череда ошибок, а последовательность уроков, — заметил Джулиан. — Не существует негативного опыта: есть возможность для роста и движения вперед. Силу обретают в борьбе. Болезнь же — прекрасный учитель здоровья».

— Болезнь? — изумился я. — Ну, это уже слишком.

— Да, болезнь, — повторил он с улыбкой. — Чтобы понять, что такое здоровье, ты должен пройти через страдание и боль. Скажи, пожалуйста, как можно получить радость от покорения высокой горы, если ты не пройдешь весь путь к вершине, начиная с самого низа?

— То есть человек не может оценить благо, если не познает лишений? — я посмотрел на него с недоверием.

— Можно сказать и так, — кротко ответил он. — Хотя я бы не советовал тебе маркировать события и явления знаками «плюс» или «минус». Лучшее, что ты можешь сделать, — спокойно переживать все, что с тобой случается, подумать над этим опытом и сделать вывод. Жизнь постоянно предлагает нам уроки, которые делают нас сильнее. Будь наше существование полностью благополучным и комфортным, наше развитие бы застопорилось. При этом необязательно ждать чего-то экстраординарного — можно осмысливать и прошлый опыт. Подумай над тем, что ты пережил за все эти годы. Ты можешь извлечь огромную выгоду из уроков прошлого. Даже если ты поймешь, что убил столько времени впустую и потратил много сил на малозначащие вещи — не расстраивайся. Если перед тобой закрывается одна дверь, то тут же распахиваются несколько других.

Джулиан воздел руки к небу и стал похож на пастора с Юга в момент обращения к своей пастве:

— Как только ты начнешь воплощать этот принцип в жизнь, ты почувствуешь радикальные изменения. Каждое событие будет приносить радость и удовлетворение. Ты обретешь силу над обстоятельствами и полностью избавишься от беспокойства о будущем. Ты сам станешь строителем своей судьбы.

— Джулиан, этот принцип мне вполне понятен, — заверил я его. — Каждый опыт, отрицательный или положительный — это урок. И я должен просто открыться этому опыту, чтобы правильно усвоить урок. Это сделает меня более сильным и счастливым. Но что я могу сделать конкретно сейчас, в своей скромной роли юриста средней руки?

— Первое и самое важное: перестань жить воспоминаниями и начни жить воображением.

— Что ты имеешь в виду? Объясни.

— Видишь ли, прежде чем твой разум станет свободен, а тело обретет здоровье и силу, тебе нужно выпустить на волю свое воображение, — пояснил Джулиан. — Все реальные вещи создавались сначала в мастерской воображения, а уж потом обретали плоть. Все, что мы создаем в осязаемой реальности, сначала было идеей, питавшей наше воображение. Если ты научишься воображать свою мечту достаточно ярко, ты получишь силу для ее воплощения. Начиная с этой минуты, более никогда не возвращайся в мыслях к тому, что случилось с тобой в прошлом. Тебе потребуется мужество для того, чтобы мечтать о том, чего ты не можешь позволить себе сейчас, в твоих нынешних обстоятельствах. У всех людей, в том числе и у тебя, бывали и будут такие моменты, когда кажется, что навалившихся проблем хватит на всю оставшуюся жизнь, и нечего мечтать о лучших временах. Но несмотря ни на что, всегда ставь для себя самую высокую цель и ожидай самого лучшего. Уверяю, что результат тебя удивит.

Он ненадолго замолк, как бы предоставляя мне время на обдумывание его слов.

— Джон, я полагал, что за годы моей судебной практики я многому научился, — тон его стал более доверительным. — Я окончил лучший университет страны, прочитал всю возможную литературу по юриспруденции, мне посчастливилось работать с первоклассными специалистами в области закона. Я выигрывал любой процесс. Но потом я осознал, что проиграл самый важный процесс — процесс собственной жизни. Я стал рабом своей страсти к накоплению все больших и больших материальных благ. И упустил многие важные мелочи, из которых на самом деле и состоит жизнь. Я не прочитал ни одну книгу из тех, что советовал мой отец. У меня не появилось ни одного настоящего друга. Я не научился понимать и чувствовать музыку. И тем не менее, я должен признать, что мне несказанно повезло. Мой инфаркт был звонком к пробуждению. Ты можешь мне не верить, но именно то, что я побывал на грани жизни и смерти, дало мне шанс начать новую, более богатую и полноценную жизнь. Как и Малика Чанд, я увидел, что моя болезнь несет в себе семена великих возможностей. И к счастью, я не побоялся взрастить эти семена.

...Я смотрел на него и понимал, что его потрясающий внешний вид — не единственное изменение. Он изменился внутри, стал более мудрым и глубоким. Этот вечер оказался для меня чем-то большим, чем волнующая встреча старых друзей. Я получил шанс начать новую жизнь, и именно сейчас наступили те решающие мгновения, которые изменят все. У меня прекрасная большая семья и стабильный доход влиятельного адвоката. Но в те редкие минуты, когда я задумывался о смысле жизни, я всегда понимал, что все это не удовлетворяет меня. Я должен был чем-то наполнить ту зияющую пропасть пустоты, которая с каждым годом все шире разверзалась вокруг меня.

В детстве я видел удивительно яркие сны. Я умел мечтать. Я часто представлял, как выигрываю спортивные соревнования или руковожу крупной корпорацией. Я был уверен, что могу исполнить любую свою мечту. Я до сих пор помню это потрясающее чувство безграничного простора — чувство, которое не покидало меня все детство, прошедшее на Западном побережье. Я умел получать радость от простых вещей, таких как купание в океане на закате или велосипедная прогулка по лесу. Я был жаден до жизни, и все время искал приключений. За последние пятнадцать лет я не испытал и намека на те изумительные юношеские ощущения. Что же случилось со мной?

Быть может, я слишком торопился повзрослеть? Но когда наконец-то стал взрослым, я утратил свои детские сны и ощущение всемогущества. Когда это произошло точно, сказать нельзя. Быть может, когда выбрал профессию адвоката и начал говорить и вести себя так, как это делают адвокаты? В тот вечер, когда Джулиан зашел ко мне на чашку чая, я твердо решил, что перестану тратить свою жизнь на зарабатывание денег. Отныне я стану созидать, а не тратить.

— О чем ты думаешь, друг? — спросил Джулиан. — О своей жизни? Я дам тебе совет: вспомни свои детские мечты, и постарайся воспринять их так, как ты воспринимал их в детстве. Помнишь, как сказано у Джонаса Солка: «Я боялся, и я мечтал, но мечта победила страх». Ты должен найти в себе силы вновь обрести мечту. Начни радоваться малому, и ты станешь свидетелем больших чудес. В твоем сознании дремлет великая сила, и ты должен разбудить ее. Когда ты пробудишься ото сна, Вселенная раскроет перед тобой тайны настоящей магии.

Джулиан порылся в своих алых шелках и извлек небольшую потрепанную карточку, похожую на визитку.

— Однажды я спросил Рамана, кого из великих мудрецов мира он почитает более всего. Он ответил, что ему сложно назвать какое-то одно имя, потому что в разное время его вдохновляли разные философские идеи. Но одно изречение он сохранил в своем сердце подобно тому, как милую жемчужину хранят в ларце из редкого дерева. Мы стояли посреди горной тропинки, ведущей на самую вершину, и в этом пустынном месте великий сиванский мудрец открыл мне ту истину. Я же, в свою очередь, золотыми буквами вписал ее в свое сердце. Это изречение всегда со мной, оно помогает мне каждый день вспоминать о том, кто я сейчас и кем я могу быть. Это изречение Патанджали, величайшего из индийских философов, стало предметом моей ежедневной медитации, и оно сильно повлияло на мое сознание.

Ведь в его словах содержится реальная сила, запомни это, Джон.

Джулиан протянул мне карточку. Я прочитал:

«Если у тебя есть цель, которая вдохновляет тебя, то мысли твои разбивают кандалы привычных представлений, сознание освобождается, и ты попадаешь в неведомый мир, полный великих чудес. Силы, дремавшие в тебе, пробуждаются, и некогда желанная цель становится лишь вехой на пути к совершенству».

Прочитав это, я понял, что существует реальная связь между сознанием и физическим самочувствием. Некогда страдавший от болезней и переутомления, ныне Джулиан был молод, здоров и полон сил. Он выглядел даже моложе, чем когда мы только познакомились. Энергия бурлила в нем, а оптимизм бил ключом. Он полностью отказался от прежнего образа мыслей — именно это и сделало возможными все те удивительные перемены, которые с ним произошли. Можно сказать, что его ум обрел превосходную спортивную форму. Изменив свое сознание, Джулиан Мэнтл изменил судьбу.

— Скажи мне, Джулиан, каким образом я могу настроить свое сознание, чтобы относиться к жизни так же спокойно и оптимистично, как ты? Я слишком погряз в профессиональной рутине, вряд ли у меня хватит сил, чтобы контролировать мысли. Сад моего сознания засорен посторонними мыслями, которые входят туда, как к себе домой, — неуверенно произнес я.

— Есть поговорка, что ум — прекрасный слуга, но никудышный хозяин, — ответил Джулиан. — Ты выработал вредную привычку впускать в свои ум негативные мысли. Но почему так получилось? Потому что ты не дал себе труда позаботиться о чистоте сознания и не концентрировал внимание на положительных моментах. Знаешь, как однажды выразился Уинстон Черчилль? «Подлинно велик тот, кто несет ответственность за каждую из своих мыслей». Мозг — такой же мускул, как и все остальные органы твоего тела. Если орган не тренировать, то он атрофируется.

— Ты хочешь сказать, что мозг может совсем перестать работать, если его не развивать?

— Вот именно! Когда ты хочешь накачать мышцы рук, ты будешь поднимать гири. Чтобы мускулы твоих ног отвердели, ты будешь постоянно напрягать их. Так же и сознание: подлинную мощь оно обретет лишь тогда, когда ты начнешь давать ему работу. Оно сделает для тебя все, что ты пожелаешь, но лишь в том случае, если ты будешь ему хорошим хозяином. Позаботься о своем разуме — и он лучше любого доктора позаботится о тебе. Ты обретешь совершенное здоровье и совершенный покой, но помни, что все начинается с желания. В Сиване я услышал одну мудрую поговорку: «Все ограничения собственной жизни создаешь ты сам».

— И как же это понять, Джулиан?

— Когда человек достигает просветления, он осознает, что мир вокруг него — не что иное, как отражение его собственных мыслей. Чем богаче внутренний мир человека, тем больше возможностей открывает перед ним мир внешний, материальный. Если хочешь достичь спокойствия и уравновешенности — успокой свой ум.

— Все это понятно, — с готовностью откликнулся я. — Но могу ли я прямо сейчас научиться какому-нибудь простому приему и получить мгновенный результат?

— Какого результата ты хочешь добиться? — осторожно спросил Джулиан, теребя загорелыми пальцами алую ткань своей хламиды.

— Понимаешь, друг, все, о чем ты мне рассказываешь, будоражит воображение и захватывает дух. Но пойми: я не так терпелив, как ты. Я хочу здесь и сейчас получить реальное, видимое доказательство того, что система Сиванских мудрецов работает. Наверняка есть простые приемы, которые я мог бы попробовать применить сию минуту, сидя с тобой в гостиной? Мне не нужно многого: я хочу лишь, чтобы мое сознание хоть чуточку изменилось. Но прямо сейчас.

— Видишь ли, в чем дело: моментального эффекта не дает ни один прием этой системы. Быстрых способов в ней не существует. Чтобы измениться, ты должен настойчиво идти к цели в течение продолжительного времени. Только постоянное усилие изменит тебя. Не бойся: для этого не нужны годы работы над собой. Достаточно одного месяца. Но на протяжении этих тридцати дней ты должен ежедневно применять знание, которое я тебе передам. Этого времени, при условии постоянных усилий, достаточно, чтобы проникнуть в сферу своего высшего «Я». Однако должен тебя предупредить: нельзя думать о конечном результате. Тебе нужно полностью погрузиться в процесс саморазвития. Это очень увлекательный процесс, открывающий перед человеком множество новых путей. Чем меньше ты будешь зациклен на конечной цели, тем быстрее добьешься ее.

— Возможно ли это?

— Есть одна классическая притча о юноше, мечтавшем стать учеником величайшего мудреца в мире. Он отправился на поиски наставника, объездил много стран, познакомился с множеством мыслителей и философов. Наконец, ему удалось отыскать мудрейшего из всех живущих. Юноша с почтением приветствовал его, а затем спросил: «Скажи, сколько времени мне потребуется, чтобы стать таким же просветленным, как ты?» «Пять лет», — последовал ответ. «А если я приложу вдвое больше усилий?» — «Тогда ты достигнешь просветления через десять лет». — «Но почему так долго?! А если я буду учиться, не зная сна и отдыха, все время посвящая занятиям?» — «В этом случае ты обретешь совершенную мудрость через пятнадцать лет». «То, что ты говоришь, очень странно! — воскликнул пораженный юноша. — Чем больше сил я готов отдать заветной цели, тем больше она от меня отдаляется. Как же так?» — «Очень просто. Если один глаз твой устремлен к конечной цели, у тебя остается лишь один, чтобы не сбиться с пути».

— Убойный аргумент, адвокат, — кивнул я. — Мне это знакомо.

— Терпение, мой друг. Просто живи и осознавай, что все придет в свое время. Главное — будь готов к этому.

— В этом деле, наверное, нужна удача... А я никогда не был везунчиком.

— Удача? А знаешь ли ты, друг мой, что это такое? — улыбнулся Джулиан. — Внутренняя готовность и благоприятные обстоятельства, которые ты сам же и создаешь. Ничего больше.

Голос его стал низким и вкрадчивым.

— Перед тем как мы перейдем к практике сиванских мудрецов, ты должен усвоить несколько основных принципов. Первое, и самое главное: ключ к совершенству — в сосредоточении.

— Неужели? — я посмотрел на него с недоверием.

— Именно так. Я тоже был немало удивлен в свое время, узнав об этом. Однако это правда. Ты уже понял, каких высот может достичь человек с развитым сознанием. Когда у человека появляется желание, ему даются и силы для его достижения. Это — фундаментальный принцип Вселенной. Но чтобы высвободить силы, скрытые в сознании, ты должен успокоить свой разум и сосредоточиться лишь на близлежащей цели. Когда ты сделаешь это, способности, дремлющие в тебе, проснутся, и ты получишь колоссальную энергию.

— Неужели сосредоточение так эффективно?

— Вот тебе загадка, если отгадаешь ее, то сам ответишь на свой вопрос. Представь, что ты потерялся в лесу в лютый мороз, и тебе нужно любой ценой согреться. Ты роешься в своем рюкзаке, но не находишь ничего, кроме письма от лучшего друга, банки консервов и небольшой лупы, которую ты носишь с собой вместо очков. В лесу ты собрал немного хвороста — но у тебя нет ни спичек, ни зажигалки. Как ты разведешь костер?

Я задумался. Джулиан задал вопрос, на который я не знал ответа.

— Не знаю.

— Это же элементарно! Нужно просто положить письмо на хворост и навести на бумагу через лупу солнечный луч. Усиленный многократно луч нагреет бумагу, и она загорится.

— А для чего мне банка консервов? Подкрепить силы?

— Может, и так, но я сказал о ней лишь для того, чтобы ты не сразу догадался об ответе. — Джулиан подмигнул мне. — Суть не в этом. Положи лист бумаги на хворост — огонь не появится. Непременно нужно увеличительное стекло и луч солнца. Этот же принцип работает и в отношении сознания. Если ты сконцентрируешь силу разума на конкретной цели, огонь твоих способностей вспыхнет почти мгновенно. И ты быстро добьешься результата.

— Какого результата? — недоумевал я.

— Это уж тебе самому виднее, — засмеялся Джулиан. — Скажи мне, есть ли у тебя сокровенное желание? Чего ты хочешь? Стать идеальным отцом для своих детей или обрести внутреннюю гармонию? Может быть, ты хочешь возрасти духовно? Или страстно желаешь отправиться на поиски приключений? Думай сам.

— А если я хочу достичь вечного блаженства?

— Чем внушительней цель, тем больше энергии для ее достижения, — ободряюще улыбнулся он. — Не разменивайся по мелочам. Ты добьешься всего, в том числе и вечного блаженства.

— Хотел бы я знать, как.

— К счастью, великие мудрецы Сиваны открыли мне многие тайны, в том числе и тайну вечного блаженства. Они хранят их в течение пяти тысяч лет. Могу рассказать тебе о них прямо сейчас... Нальешь мне еще чашечку?

— Не томи, Джулиан!

— Ну, если в двух словах, секрет заключается в том, чтобы найти свое призвание и посвятить ему целую жизнь. Возьми любого счастливого человека: он счастлив потому, что все свое время отдает любимому делу. Есть еще одна тонкость: это дело должно быть на пользу людям. Вот увидишь: как только ты начнешь отдавать все силы своему призванию, в твою жизнь войдет благополучие и достаток. Все твои желания начнут сбываться сами собой.

— Ты хочешь сказать, надо просто найти то, что нравится, и заниматься именно этим?

— Да. Но сработает это лишь в том случае, если твое занятие будет созидательным.

— Что значит созидательным?

— Я уже говорил, Джон, что призвание — не просто хобби. Дело твоей жизни должно приносить пользу другим людям. Пожалуй, я не скажу лучше, чем Виктор Франкл: «Добиться успеха — невозможно, как невозможно поймать птицу счастья. Он придет сам по себе — если ты будешь до конца предан делу, которое намного превосходит тебя самого». Самое сложное — понять, в чем состоит твое собственное призвание. Но как только ты сделаешь это, мир вокруг тебя заиграет самыми необычайными красками. Ты никогда не будешь жаловаться на усталость и болезни. Ты будешь просыпаться от желания жить и работать. Все твои мысли будут устремлены лишь к тому, чем ты занимаешься. У тебя не останется времени на житейские мелочи. Твое сознание перестанет размениваться на суетные мысли. Привычка беспокоиться о том, что от тебя не зависит, исчезнет сама собой. Ты станешь настоящим творцом, и работа твоя будет приносить радость людям. Ты обретешь внутренний покой, жизнь станет гармоничной. Твоя счастливая звезда будет вести тебя по жизни. Это бесподобное чувство, я сам наслаждаюсь им каждый раз, — лицо Джулиана сияло от радости.

— Звучит прекрасно, — заметил я. — Особенно мне понравилось то, что я буду просыпаться от желания жить и работать. Если быть честным до конца, чаще всего по утрам мне хочется зарыться поглубже в одеяло. Это намного лучше, чем торчать в пробках, лицезреть недовольные физиономии клиентов и их не менее недовольных оппонентов... Я так устал от всего этого негатива.

— А знаешь, почему современные люди не могут выспаться, сколько бы они ни спали?

— Почему?

— Им просто некуда убить время. А тех, кто встает с первыми лучами солнца, объединяет одно общее обстоятельство.

— Какое же? Легкое помешательство?

— Ну и насмешил! Дело в том, что все они имеют четкую цель, и эта цель заставляет работать их внутренние резервы. Они знают, что нужно сделать в первую очередь, и делают это. Это самый легкий и в то же время самый эффективный способ существования. Такие люди отдают все силы своей души делу и призванию. Они живут здесь и сейчас, фокусируя внимание лишь на том, чем заняты в данный момент. Они не тратят энергию попусту. Если ты когда-либо встречал таких людей, то наверняка обращал внимание на то, что они всегда в прекрасном настроении и полны энергии.

— Не тратят энергию попусту? Это что-то новенькое. Готов спорить, что такое тебе в Гарварде не преподавали.

— Абсолютно верно. Этот принцип открыли мудрецы Сиваны. Они используют его на протяжении многих веков. И в наши дни это столь же актуально, как и сотни лет назад. Суета — бич современных людей. Она высасывает из них всю жизненную силу. Ты помнишь, как выглядит велосипедная шина?

— Естественно.

— Когда колеса хорошо накачаны, велосипед помчит тебя в любую точку. Но стоит шине проколоться, колесо спустит, и ты никуда не поедешь. Разум работает по тому же принципу. Когда мы беспокоимся, из нашего разума, как воздух из велосипедной шины, вытекает вся энергия. И тогда человек становится унылым и изможденным.

— Я понимаю, о чем ты говоришь. Почти каждый день я нахожусь на грани срыва. Мне нужно успеть в несколько мест одновременно и найти общий язык с множеством самых разных людей. Я могу не вылезать из рабочего кресла, и все равно под конец дня чувствую себя, словно выжатый лимон. Наверное, во всем виновато мое беспокойство. Плеснуть себе виски и свалиться на диван перед телевизором — вот и все, на что меня хватает после работы.

— Просто ты слишком суетишься. Тебе надо найти дело по душе — и жизнь войдет в нужное русло. Тебе можно будет вообще не работать.

— Предлагаешь мне уйти в отставку на пике карьеры?

— Нет, — отчеканил Джулиан. (Командные нотки в его голосе напомнили мне о тех днях, когда он правил бал в суде.) — Ты перестанешь работать — и начнешь играть.

— Но ведь в этом есть определенный риск: так сразу бросить все и пуститься на поиски мифического призвания... Пойми: я живу не один, у меня есть обязательства перед четырьмя членами моей семьи.

— А никто и не заставляет тебя завтра же распрощаться со своей адвокатской практикой. Но все же придется рискнуть. Тебе нужна встряска. Оставь свое уютное болото и иди туда, где еще ни разу не был. Беда большинства людей в том, что они слишком любят комфорт. Человек должен время от времени сниматься с насиженного места и делать шаг в неведомое. Йог Раман был первым человеком, от которого я услышал эту великую истину. Только так можно открыть в себе новые способности и реализовать весь свой потенциал.

— Потенциал чего?

— Разума, души и тела.

— А чем мне придется рискнуть?

— Тебе нужно отказаться от своей практичности. Займись, наконец, тем, о чем ты всегда мечтал. У меня есть знакомые актеры, пришедшие на подмостки из юридической конторы. Я знаю и джазменов — в прошлом бухгалтеров. Их прежняя профессия не могла дать им счастье, а в новом деле они нашли себя. Да, никто из них больше не ездит дважды в год на Кайманы. И что? Не бойся рискнуть — дивиденды превзойдут все твои ожидания.

— Теперь понимаю, о чем ты, — кивнул я.

— Тебе нужно время, чтобы все как следует обдумать. Ищи то, что сделает твою жизнь осмысленной, а затем действуй без страха.

— Сказать откровенно, Джулиан, я думаю постоянно. Видимо, моя проблема именно в том и заключается, что я думаю слишком много. Мозг работает и днем и ночью. Порой кажется, что я скоро рехнусь от этой умственной болтовни.

— Нет, нет, я имею в виду нечто другое. Великие мудрецы Сиваны ежедневно выделяли себе время для того, чтобы предаться размышлениям о пройденном пути — и о том, куда еще приведет их дорога. Они размышляли о смысле жизни, о прожитых днях и ошибках прошлого. Они думали о том, что завтра они должны стать лучше и чище, чем сегодня. Ведь достичь совершенства может только тот, кто каждый день совершенствует себя понемногу.

— Значит, и я должен каждый день предаваться размышлениям о смысле жизни?

— Да. Выдели для этого хотя бы десять минут — и ты увидишь, как изменится твоя жизнь.

— Все это хорошо и понятно, Джулиан, но у меня порой не бывает десяти минут и на то, чтобы просто перекусить.

— Говоришь, у тебя нет времени для работы над собой? Друг мой, это то же самое, как если бы ты сказал, что у тебя нет времени заправить пустой бак твоего автомобиля, потому что ты слишком торопишься ехать. Рано или поздно ты должен будешь это сделать.

— Ты прав. Но все-таки, Джулиан, — ты хотел мне показать какие-то приемы, — я не терял надежды узнать, как мудрость Сиваны можно использовать в обычной жизни.

— Есть один прием, дающий власть над сознанием — и этот прием эффективнее всех остальных. Мудрецы Сиваны очень любят его. Они оказали мне великую честь, поделившись этим знанием. Я применял его всего лишь три недели — но и этого оказалось достаточно, чтобы я почувствовал себя намного более живым и энергичным. Это очень древний метод, ему более четырех тысяч лет. В Сиване его называют «Сердце Розы».

— Так поведай же мне о нем скорее!

— Тебе понадобится только что срезанная роза и уединенное место. Самое лучшее — выполнять практику на природе, но можно просто уединиться в тихом уголке дома. Внимательно всмотрись в сердцевину цветка. Раман сравнил нашу жизнь с розой: чтобы добраться до прекрасного цветка, тебе придется ощутить и его шипы. Главное — не терять веру в свою мечту, и тогда тебе удастся добраться до сердца розы. Ты должен рассматривать розу очень тщательно, чтобы запомнить ее цвет и форму лепестков. Вдохни ее аромат и сконцентрируй все свои мысли лишь на этом дивном создании природы. Поначалу тебя будут отвлекать посторонние мысли. Это нормально, ведь твой ум еще не натренирован. Не беспокойся об этом, главное — не ослабляй внимания. И скоро твое сознание подчинится тебе, ты обретешь власть над ним.

— Как, и это все? Что-то уж слишком просто.

— Вот в том-то и состоит изящество, — улыбнулся Джулиан. — Но ритуал должен повторяться ежедневно, иначе эффекта не будет. Самыми трудными будут первые дни, но тебе нужно выкраивать для ритуала хотя бы пять минут. Люди слишком поглощены ежедневной суетой. Большинство из них наверняка сказали бы, что им некогда сидеть и разглядывать цветок. И этим же людям некогда слушать детский смех или шлепать босиком по лужам.

— Откуда ты знаешь?

— Я сам был одним из них, — произнес он тихо и замолчал.

Некоторое время он сидел, уставившись на старинные часы моего дедушки (нам с Дженни подарили их на новоселье).

— Когда я думаю о тех, кто живет так же, как я когда-то, мне приходят на ум слова любимого писателя моего отца: «Ни часы, ни календарь не заменят нам чуда жизни». Так что будь настойчив, и с каждым днем уделяй все больше времени ритуалу Сердца Розы, — голос Джулиана стал глубже. — Через пару недель ты сможешь удерживать свое сознание на розе в течение двадцати минут. Когда ты перестанешь отвлекаться на другие предметы, то поймешь, что сознание подчиняется тебе. Оно станет твоим верным слугой и исполнит любое твое желание, даже самое необычное. Ты обретешь внутренний покой. Он изгонит твое повседневное беспокойство — этот бич современных людей. Ты станешь смотреть на мир с оптимизмом. Но главное — ты поймешь, что к тебе наконец-то вернулась радость и способность ценить то, что посылает тебе жизнь. Несмотря на проблемы и перегруженность работой — выполняй ритуал Сердца Розы. Это — твоя отдушина, твоя тихая гавань, твой остров тишины. Помни, что сила — в молчании и неподвижности. С этого начинается путь к воссоединению с вселенским сознанием, зерно которого таится во всех живых существах.

Он говорил совершенно потрясающие вещи! Неужели столь простым способом можно вернуть в жизнь радость и гармонию?

— Прости, но мне не очень верится, что ты достиг всех этих удивительных перемен только благодаря Сердцу Розы.

— Мое перерождение — результат совместного применения множества ритуалов и практик, каждая из которых очень эффективна. И все они так же невероятно просты, как и Сердце Розы. И так же сильны. Весь секрет в том, чтобы раскрыть возможности своего разума. И тогда твоя жизнь станет богатой и насыщенной.

Джулиан открывал мне тайны Сиваны одну за другой.

— Есть еще одна мощная практика, с помощью которой ты сможешь избавиться от беспокойства и отрицательных эмоций. В ее основе лежит Альтернативное Мышление — так называл этот принцип Раман. Закон природы таков, что человеческое сознание в единицу времени может обрабатывать лишь одну единицу информации, то есть в каждый момент мы можем «думать» лишь одну мысль. Попробуй думать одновременно о двух вещах — и ты поймешь, что это правда.

Я тут же попробовал и понял, что это действительно так.

— Каждый человек, которому известно об этом, способен очень быстро развить свой разум, сделать его более творческим и продуктивным. Все предельно просто: как только к тебе придет мрачная мысль, подумай о чем-нибудь радостном. Представь себе, что твой мозг — проектор, а мысль — это фильм. Когда на экране твоего сознания появляется грустный фильм, скорее вынимай его из проектора и вставляй оптимистичную картинку. Кстати, вот и ответ, почему на моей шее висят четки, — благоговейно произнес Джулиан. — Едва в моем сознании промелькнет мысль о чем-то плохом, я беру в руки четки и снимаю с них одну бусину. Этот символ беспокойства я бросаю в коробочку, которая всегда путешествует со мной в моем рюкзаке. Снятые бусины напоминают мне о том, что мне еще далеко до совершенного сознания и полного контроля над мыслями.

— Отличный способ! Никогда не сталкивался с чем-либо подобным. Расскажи мне что-нибудь еще об Альтернативном Мышлении.

— Объясню на близком тебе примере. Представь, что денек выдался тяжелее некуда. Тебе не удалось убедить судью, а линия обвинения была выстроена куда лучше и логичнее, чем твоя. Клиент тобой недоволен. Ты возвращаешься домой. В самом паршивом настроении ты плюхаешься в любимое кресло... Что тебе нужно сделать в первую очередь? Признаться самому себе, что тебя захватили мрачные мысли. Осознание, что с тобой что-то не так — первый шаг к исцелению. Второе, что ты должен сделать — заменить негативные мысли на противоположные. Ведь ты — хозяин своего разума, и коль скоро ты позволил грустным мыслям поселиться в нем, ты можешь так же легко выгнать их оттуда, думая о чем-то светлом и радостном. Как только ты сосредоточишься на радостных мыслях, сразу почувствуешь себя лучше. Может, даже улыбнешься. Затем тебе надо встряхнуть свое тело, вернуть ему жизненный тонус. Надо сесть прямо, несколько раз глубоко вдохнуть и сконцентрироваться на положительных мыслях. Пройдет совсем немного времени, как чувства твои изменятся самым чудесным образом. Если ты будешь настойчиво применять Альтернативное Мышление, то уже через неделю негативные мысли начнут обходить твой разум стороной. Они больше не будут властвовать над тобой, понимаешь?

Джулиан помолчал, а затем продолжил объяснения:

— Мысль — это живой комочек энергии. Люди не понимают, отчего их посещают те или иные мысли. А ведь человек как думает, так и живет! Мысль материальна так же, как озеро, где ты любишь купаться, или дорога под ногами. Человек со слабым сознанием неспособен на смелые поступки. Напротив, мощное, хорошо тренированное сознание — это источник чудес. Воспитать такое сознание может каждый. Чтобы сделать жизнь плодотворной и насыщенной, ты должен возделывать сад своего сознания и заботиться о положительных мыслях, как о культурных растениях. Ты, как садовник, должен выдергивать из сознания все мысли-сорняки. И тогда урожай твоего ума будет обильным.

— Вот уж никогда не думал, что мысли — живые, — изумленно протянул я. — Но, кажется, я начинаю осознавать, что именно мои мысли определяют, в каком мире я живу.

— Великие мудрецы Сиваны убеждены, что человек, чтобы стать счастливым, должен впускать в свое сознание лишь чистые мысли. Это называется саттва — чистое сознание. Они очищали свое сознание при помощи приемов, о которых я тебе поведал сегодня. Плюс к этому, они соблюдали особую диету и повторяли мантры — короткие положительные утверждения, вроде молитв. И, конечно, читали духовные книги. А если в сад их сознания все же проникала сорная мысль, они наказывали себя, отправляясь к дальнему водопаду, чтобы встать под ледяную струю и стоять, пока тело не начинало деревенеть.

— То, что ты сказал, заставляет меня усомниться в их мудрости. Стоять под ледяной водой на вершине Гималаев только для того, чтобы покарать себя за единственную мрачную мысль? Не слишком ли жестоко?

Джулиан за ответом в карман не полез (чего и следовало ожидать от закаленного в судебных баталиях адвоката).

— Прости за резкий тон, друг, но даже одна негативная мысль — слишком большая роскошь для тебя. Ты не можешь себе этого позволить.

— Вот как?

— Да. Так. Негативная мысль как зародыш — вначале она маленькая, почти незаметная, но стоит ей укорениться в твоем сознании, она начнет расти и вскоре станет самостоятельной сущностью.

На его лице заиграла улыбка.

— Наверное, я напоминаю тебе бродячего проповедника, рассказывающего о том, что он узнал во время странствий. Но мне действительно хочется поделиться секретом счастья с людьми, утратившими гармонию и вдохновение. Ведь не требуется никаких кардинальных изменений, достаточно лишь добавить в свой распорядок дня ритуал «Сердце Розы» — и жизнь станет именно такой, о которой мечтают все. Люди достойны лучшей жизни, я уверен в этом. Есть еще одна тайна — ты должен знать о ней, прежде чем я продолжу объяснение загадочной притчи о саде. Тайна эта состоит в том, что все в мире имеет свой источник в сознании. Сначала в уме появляется идея, затем она материализуется. Я же говорил, что мысли вещественны. Это волны материальной энергии, которые мы посылаем в мир — и тем самым меняем его. И если ты желаешь полностью изменить свою жизнь, начни с изменения самого себя, и главное — своих мыслей. Мудрецы Сиваны мастерски охраняют сад своего сознания. Этот же метод они используют для реализации своих желаний и идей. Им могут пользоваться все люди. Он подойдет для любого: для начинающего юриста, мечтающего о больших гонорарах, для матери, которая хочет видеть свою семью здоровой и благополучной. Он поможет и коммивояжеру, задача которого — продать как можно больше товара. Этот метод мудрецы Сиваны поэтично назвали «Тайной Озера». Чтоб выполнить этот ритуал, мои наставники поднимались в четыре утра: они считали, что энергия начала дня дарует им волшебные способности. Задолго до восхода солнца они отправлялись в дорогу. Крутыми и запутанными горными тропами они спускались в долину. Там они находили затерянную в цветах и соснах узкую дорожку, которая выводила их на открытое место, где синело озеро, обрамленное тысячами миниатюрных белых лотосов. Гладь озера удивляла своей зеркальной неподвижностью. Многие века Сиванские мудрецы приходили сюда, чтобы набраться мудрости и покоя.

— И что за тайна была у этого озера?

(Мне не терпелось услышать главное.)

Джулиан поведал мне, что йоги созерцали недвижные воды и визуализировали все то, чего они желают достичь. Тот, кто мечтал выработать в себе привычку к дисциплине, представлял, что встает вместе с солнцем, соблюдает строгий распорядок и целыми днями не произносит ни слова, дабы воспитать свою волю. Тот, кому не хватало радости, смотрел в озеро и видел себя с улыбкой на устах. Тот же, кто хотел побороть свои страхи, представлял, как он будет действовать в опасной ситуации. Йог Раман тоже обращался за помощью к озеру. Он рос очень неуверенным в себе, так как был ниже всех своих ровесников. Нет, его никто не дразнил, все обращались с ним вежливо и тактично. И все же, когда он повзрослел, детские комплексы не давали ему покоя. Чтобы избавиться от них, Раман отправился к чудесному озеру и на нем, словно на экране, увидел человека, которым он мечтал стать. Он представлял себя то ярким лидером, владеющим даром убеждения, то старым мудрецом, поражающим силой духа и железной волей. Все качества, которые он хотел воспитать в себе, отражались на глади озера. И спустя несколько месяцев Раман действительно стал тем, в кого он перевоплощался в своих мыслях. Сознание питается образами. Они формируют наше представление о себе. Как мы себя представим — так и чувствуем. Это определяет все наши решения и поступки. Если ты считаешь себя слишком неопытным, чтобы выигрывать процессы, или же, напротив, слишком умудренным жизнью, чтобы что-то менять, твоя мечта никогда не осуществится. Если ты убежден, что счастье, отменное здоровье и благополучие — удел лишь немногих избранных, то это и будет реальностью твоей жизни. Но стоит тебе создать образ удачи и спроецировать его на экран своего сознания, как жизнь твоя изменится самым чудесным образом. Даже Эйнштейн утверждал, что «воображение идет впереди знания». И ты должен ежедневно уделять несколько минут такой позитивной визуализации. Представляй себя тем человеком, которым ты хочешь стать. Кто этот человек — авторитетный судья, любящий и справедливый отец или просто уважаемый член общества — неважно.

— Но где же мне найти такое озеро, чтобы проводить Ритуал Тайны? — недоумевал я.

— Не нужно его искать. Тайна Озера — просто красивое название, которое йоги дали этой древней практике. Ты можешь выполнять его когда угодно и где угодно. Например, у себя в гостиной или даже в своем рабочем кабинете. Главное — надо запереть дверь, отключить телефоны и посидеть, закрыв глаза. Несколько раз глубоко вдохни, и через пару минут ты почувствуешь себя полностью расслабленным. Теперь можно приступать к визуализации. Создай образ того, о чем ты мечтаешь. Если хочешь быть лучшим отцом для своих детей, представляй, как ты вместе с ними смеешься и играешь, как радостно открываешь им то, о чем они еще не знают. Пусть на экране твоего сознания возникают и кризисные ситуации — ты должен представить, как легко и мудро ты уводишь детей от опасности. Думай о том, как лучше поступить, если это случится на самом деле.

Воображение — волшебная сила, которую можно использовать для чего угодно. С помощью воображения ты можешь ускорить процесс расследования запутанного дела, наладить контакты с нужными людьми или закалить свой дух. Главное — ежедневно упражняться в этой практике, и тогда ты получишь все сокровища мира (если, конечно, захочешь). Твое сознание подобно магниту: оно притягивает все, чего ты желаешь и о чем думаешь. Если ты чего-то не получил, то лишь потому, что этого нет в твоем воображении. Но очень важно представлять себе только позитивные вещи. Радостные картины поднимают настроение и высвобождают скрытые силы твоего сознания.

...Все, что говорил Джулиан, казалось мне какой-то заморской грамотой. Никогда прежде я не слышал о том, что сознание, как магнит, может притягивать духовные и материальные блага. Никто до него не рассказывал мне, какой мощью обладает воображение и как оно способно преобразить жизнь. Однако я верил Джулиану. Ведь он всегда обладал безупречной логикой. Его интуиции и профессионализму доверяли во всех судах мира. Он достиг желанной цели — а я еще был на полпути к ней. То, что его «восточная одиссея» дала ему нечто очень важное, не вызывало сомнений. Его молодость и бодрость, удивительный внутренний покой и полное перевоплощение служили неопровержимыми доказательствами того, что к его словам следует отнестись со всей серьезностью.

Я задумался. Понемногу мне открывался глубинный смысл того, о чем говорил Джулиан. Я всегда знал, что мы не используем все возможности мозга. Разве не чудо, когда мать, увидев своего малыша под автомобилем, переворачивает железную громадину, чтобы достать ребенка? А вы видели, как мастера боевых искусств Востока одним махом разбивают сложенные друг на друга кирпичи? Йоги могут останавливать сердце и не чувствовать боли. Думаю, все мои проблемы от неуверенности в собственных силах. А ведь скрытые способности есть в каждом. Этот вечер, когда мы с бывшим миллионером-адвокатом сидели у меня в гостиной, стал для меня звонком к пробуждению и началом новой жизни.

— Есть нюанс, Джулиан, — сказал я смущенно, — мои коллеги вряд ли придут в восторг, если я займусь медитацией на работе.

— Есть одно древнее изречение, которое очень любили повторять Раман и другие сиванские мудрецы: «Не гордись тем, что ты превосходишь других талантами или богатством. Истинно велик тот, кто превзошел самого себя». Нужно играть по своим правилам — лишь в этом случае ты сможешь получить все, чего достоин. Не придавай значение мнению других — слушай, что говорит тебе твое сердце. Если оно подсказывает тебе, что ты идешь верным путем, то суждения окружающих не должны тебя останавливать. Не спорь с совестью и без страха поступай так, как считаешь нужным. Ты сам определяешь, что для тебя хорошо. И еще — умоляю тебя! — никогда не ориентируйся на общепринятое понятие о благе. Вспоминай слова йога Рамана: «Когда ты думаешь о чужих мечтах, ты обкрадываешь свои собственные».

...Часы показывали, что полночь миновала, позади был тяжелый день, но я совсем не хотел спать. Я с удивлением отметил это, и Джулиан улыбнулся:

— Просто ты на собственном опыте ощутил, что такое просветление. Утомление рождается в сознании, лишенном мечты. Скажи, бывает ли так, что после сытного обеда ты сидишь над следственными документами и не можешь сосредоточиться, потому что тебя неумолимо тянет в сон?

— Да, наверное... — уклончиво ответил я. — Многие зевают после обеда.

(На самом деле я каждый день боролся с собой, чтобы не впасть в дрему в середине дня.)

— Ну, а если в этот момент тебе позвонит друг и скажет, что у него есть два билета на футбол с участием твоей любимой команды? Или же спросит, какую клюшку для гольфа ты ему посоветуешь? Сонливость как рукой снимет, верно?

Джулиан, как всегда, знал, куда бить.

— В самую точку!

— А что это значит? То, что твоя сонливость возникла в твоем сознании! Ты стал пленником вредной привычки, которую твое сознание выработало как защитную реакцию от рутинной работы.

Сейчас на тебя действует магия моего рассказа, сердце твое открыто для мудрости, которую я тебе проповедую. Ты чувствуешь огромный интерес, твой разум сконцентрирован на моих словах, и это придает тебе сил. Вспомни, сколько раз за сегодняшний вечер ты вспоминал прошлое или думал о будущем? Ты все время находился «здесь и сейчас», жил настоящим. Продолжай поступать так и в дальнейшем — и никогда не будешь знать усталости. Ты будешь полон сил, независимо от того, сколько времени на твоих часах.

Я согласился. Как, собственно, и с каждым словом Джулиана. Странно только то, что я сам об этом не догадывался. Видимо, я руководствовался не той логикой. Вспомнилось, как мой отец любил повторять: «Кто ищет, тот обязательно найдет» — и я пожалел, что его больше нет на этом свете.

Глава 7: Суть проповеди Джулиана в двух словах. Древняя мудрость Сиваны

Истина

•

Мудрость

•

Ритуал

•

Изречение Патанджали

•

Контроль над сознанием

•

Очищай сад сознания от сорняков — и урожай будет обильным

•

Как ты думаешь — так и живешь

•

Неудачи — лишь уроки личностного роста

•

Ритуал «Сердце Розы»

•

Альтернативное Мышление

•

Ритуал «Тайна Озера»

•

Секрет счастья прост: найди свое истинное призвание и отдай ему все силы твоей души

ГЛАВА ВОСЬМАЯ

ЗАЖГИ ОГОНЬ ДУХА!

Верь в себя. Борись за счастье до последнего вздоха. Развивай свои способности: они подобны искрам, из которых однажды разгорится пламя созидания.

Фостер С. МакКлеллан

— Сегодняшний вечер очень напоминает мне тот день, который я провел с Раманом на вершине Гималаев, — произнес Джулиан. — Тот день, когда я и услышал его странную притчу.

— И чем же?

— Точно так же, как и теперь, мы начали разговаривать ранним вечером и закончили далеко за полночь. Между нами словно искры пробегали — до того мощное биополе было у Рамана. С момента нашей встречи на горной тропинке я считал его родным братом, которого у меня никогда не было. И глядя на твое лицо, озаренное светом любви и удивления, я вспоминаю тот вечер с Раманом, потому что нас с тобой тоже связывает единое энергетическое поле. Должен тебе признаться, что задолго до моего путешествия, когда ты только начинал стажироваться у меня, я воспринимал тебя как своего младшего брата. Ведь ты так напоминал меня в молодости!

— Я никогда не забуду, как мастерски ты вел дела, Джулиан, — сказал я. — У меня больше не было партнера такого высоко профессионального уровня.

Он выслушал меня равнодушно: прошлое больше не представляло для него интереса.

— Прежде чем я перейду к следующей части своего рассказа, Джон, я должен тебе кое-что сказать. Ты узнал о нескольких мощных ритуалах, способствующих внутреннему изменению. Постоянное выполнение этих ритуалов внесет в твою жизнь настоящее волшебство. Сегодня вечером я открою тебе всю мудрость Сиваны. Но мне важно убедиться, что ты полностью отдаешь себе отчет в том, что это знание не может умереть в тебе. Ты должен отдавать его людям. Ведь наш мир болен, и болен серьезно. В нем правит бал зло, и многие люди плывут по океану жизни без руля и ветрил. Они отчаянно нуждаются в маяке, который бы направил их путь к тихой гавани. Ты должен стать капитаном их корабля. Я верю в твои силы и знаю, что именно ты можешь проповедовать мудрость Сиваны всем, кто утомлен жизненной суетой.

Обдумав ответственность миссии, я дал свое согласие. Это вдохновило Джулиана, и речь его стала более пылкой.

— Практика, о которой я тебе поведаю сейчас, таит в себе особую мощь. Больше всего в ней мне нравится то, что, помогая другим, ты воспитываешь свой собственный дух. Она основана на древнем законе жизни.

— Я весь — внимание.

— Гималайские мудрецы всегда старались жить по принципу «отдавай себя людям — и ты будешь здоров и счастлив». Это единственный способ обрести внутреннее спокойствие и реализовать все свои мечты.

Я где-то читал, что люди, исследующие души других, становятся мудрецами, а те, кто исследует собственную душу, приходят к просветлению.

В своих алых шелках со скромной улыбкой на лице Джулиан был похож на молодого Будду. Мне казалось, что у него есть все, о чем мечтают люди: крепкое здоровье, умение радоваться жизни, но главное — он осознавал, в чем состоит его призвание и выполняет именно ту миссию, для которой был рожден. И при этом у него не было никаких материальных благ.

— Но вернемся к нашему маяку, — голос Джулиана отвлек меня от этих мыслей.

— Я полагал, ты объяснишь мне притчу о чудесном саде.

— Как раз к этому мы и подошли, — с интонацией заправского лектора продолжил он. — Я говорил тебе, что сознание похоже на чудесный сад с плодородной почвой. Но чтобы он расцветал и приносил плоды, ты должен строго следить за тем, чтобы сорняки не забивали культурные растения. Тебе нужно возвести высокую ограду вокруг сада твоего ума и не допускать туда негативные мысли. Если ты будешь возделывать этот сад, он даст тебе силы для изменения мира. А что касается маяка — так ведь именно он стоял посредине сада в притче. Этот символ говорит о том, что в жизни любого человека должна быть цель. Только люди, озаренные светом маяка — цели, идут по жизни уверенно и свободно. Тебе нужно проанализировать всю свою жизнь и расставить приоритеты по всем направлениям. Установи для себя маяк главной цели — и тебе не будут страшны никакие бури. Жизнь — это направление. Когда меняешь направление, Джон, тогда меняется и вся жизнь в целом. А если ты не представляешь себе, куда движешься, как ты поймешь, достиг ли ты цели или уклонился от нее?

Джулиан еще раз вспомнил о том вечере, когда Раман объяснял ему принципы гармоничной жизни. «Жизнь — забавная штука, — говорил йог. — Люди мечтают меньше работать и больше получать, и полагают, что именно в этом и состоит секрет счастья. Но истинное счастье — это не наслаждение вечным комфортом. Счастье — это достижение цели. Человек должен постоянно идти вперед, иначе он никогда не будет счастлив. Только тот, кто постоянно раздувает огонь своей души, достигает счастья. Возможно, ты думаешь, что я смеюсь над тобой. Действительно, стоило ли бросать все, уезжать на край света, искать среди вершин Гималаев таинственных мудрецов только для того, чтобы услышать о том, что счастье — это достижение!»

— Выходит, мудрецы — те же трудоголики, — я попробовал обратить его слова в шутку.

— Вовсе нет! Да, они мастерски владели многими ремеслами, но были очень далеки от мирской суеты. Они вели очень размеренную и спокойную жизнь.

— Как же им это удавалось?

— Просто они ничего не делали без цели. Несмотря на то, что все их усилия были направлены на духовное развитие, любой их труд приносил удивительные плоды. Одни мудрецы целыми днями штудировали философские книги, другие были заняты поэтическим творчеством. Они писали полные мудрости поэмы, и вкладывали в это занятие весь блеск своего ума. Третьи были заняты созерцанием и проводили многие часы в позе лотоса. Каждую минуту своей жизни они проводили осмысленно. У каждого из них была личная цель и общий долг. Они не уклонялись ни от того, ни от другого. Раман посмеивался: «Для нас не существует времени. Ты спросишь: каких-таких целей можно достичь без денег? Что касается меня, то моя цель — совершенное сознание, абсолютный контроль над собой и просветление. Если я не достигну ее прежде чем глаза мои закроются навсегда, то перед смертью буду мучиться оттого, что бессмысленно прожил жизнь».

Меньше всего Джулиан ожидал услышать от сиванского монаха слова о бессмысленности жизни.

— Раман словно читал мои мысли, — продолжил он. — «Не волнуйся за меня. Мой возраст давно перевалил за сто лет, но я не собираюсь сдаваться. Я говорю только о том, что когда ты ясно видишь цель и понимаешь, чего ты хочешь от жизни в эмоциональном, материальном и духовном плане — тебе просто некогда отвлекаться на беспокойство о завтрашнем дне. Ты знаешь, что каждый день приближает тебя к цели. На этом пути ты откроешь для себя удивительную красоту мироздания. Однако видеть цель — мало. Все твои поступки должны быть направлены на достижение этой цели. Мудрецы Сиваны называют это Дхармой. В переводе с санскрита это и означает жизненную цель». Тогда я спросил его: «Достигну ли я счастья, когда исполню свою Дхарму?» И йог ответил: «Конечно, да. Ведь исполнении Дхармы приводит человека в состояние гармонии, что само по себе дает чувство удовлетворения. Оно не покинет тебя никогда. Дхарма предполагает, что каждый человек имеет свое предназначение. Пока мы дышим, мы должны исполнять свою миссию. У любого человека есть его собственный неповторимый набор талантов, с помощью которых он сможет достичь своей цели. Самое сложное — открыть эти таланты и понять, где находится точка приложения сил».

Я перебил его:

— Это напоминает мне твои слова о том, что нужно не бояться рисковать.

— Возможно, да, а возможно, и нет.

— Как это?

— Видишь ли, порой нам действительно приходится рисковать, чтобы попробовать себя в новом деле. Многие люди кардинально меняют род занятий, когда понимают, в чем заключается цель их жизни. Когда ты пытаешься найти свое «Я», тебе кажется, что ты рискуешь. Но на самом деле это совсем не рискованно, потому что осознавание цели — путь к совершенству.

— А ты знаешь свою Дхарму, Джулиан? — спросил я сдержанно, стараясь не выдать своего жгучего интереса.

— Знаю. И она очень проста. Я хочу служить людям. Ведь нельзя же стать счастливым, проводя дни в уютной постели, наслаждаясь комфортом и бездельем. Вспомни слова великого Дизраэли: «Только ясная цель приводит к успеху». Чтобы достичь счастья, ты должен размышлять о том, какая цель тебя достойна. И ежедневно прилагать усилия для того, чтобы приблизиться к этой цели. Никогда не разменивайся на второстепенное — и не потеряешь главного. Вот в чем смысл маяка, возвышающегося над садом. Вспоминай эту притчу и ищи цель, которая будет освещать твой жизненный путь.

Так мы просидели еще несколько часов, и за это время Джулиан поведал мне, что все люди, исполняющие свою Дхарму, занимаются саморазвитием. Они получают те знания, которые нужны им для реализации своей миссии. Одни становятся врачами, другие актерами или художниками. Кто-то чувствует в себе талант преподавателя, а кто-то занимается наукой или бизнесом. Важно только сосредоточить усилия на единой цели и обладать сильным чутьем, чтобы правильно определить свою миссию.

— Значит, главное — правильно выбрать цель?

— И это — только начало пути. Когда ты определишь свою цель и решишь, какие задачи тебе нужно выполнить в первую очередь, ты разбудишь в себе спящие творческие силы, и эти силы сами поведут тебя по выбранному пути. Ты можешь мне не верить, но все сиванские мудрецы, в том числе и Раман, очень ответственно относились к своим целям.

— Монахи, живущие в раю на вершине Гималаев, только тем и занимаются, что определяют свои цели? Как же мне это нравится!

— Дерево узнают по плодам, Джон. Знаешь, порой я смотрю в зеркало и вижу там совсем другого человека. Когда-то я вел пустую и бессмысленную жизнь, теперь же она полна приключений, загадок и радости. Я словно переживаю вторую молодость, и мне грех жаловаться на здоровье. Я абсолютно счастлив. Знание, в котором я сейчас наставляю тебя, обладает огромной мощью. Ты должен открыться этой силе.

— Я полностью открыт, Джулиан. Твоя речь логична и убедительна, хотя есть методы, которые меня немного смущают. Однако я дал тебе слово, что буду применять их, и это слово я сдержу. Я чувствую, что во всех этих ритуалах таится магическая сила.

— Может, я и вижу дальше, чем большинство людей, но лишь благодаря своим мудрым наставникам, — скромно отвечал Джулиан. — Кстати, вспомнился один пример. Мой учитель Раман был превосходным лучником. Чтобы я лучше усвоил ту истину, что ни одно достижение невозможно без ясной цели, он преподнес мне наглядный урок. На поляне, где мы любили сидеть, рос огромный вековой дуб, украшенный венком из роз. Раман достал из венка одну розу и укрепил ее на стволе. Он развязал свою походную сумку и извлек оттуда три удивительных предмета. Это был сандаловый лук, стрела и кусок ткани, белоснежный, как те платки, что когда- то торчали из карманов моих дорогих пиджаков и придавали мне солидности в глазах судей и присяжных, — тут Джулиан слегка покраснел.

Раман подал Джулиану ткань и велел завязать ему глаза.

— На каком расстоянии от розы я нахожусь? — спросил он своего воспитанника.

— Примерно тридцать метров.

— Ты когда-нибудь присутствовал на моей ежедневной тренировке? — с улыбкой спросил йог, заранее зная ответ.

— Однажды ты попал в глаз быку, пасущемуся метрах в ста от тебя. И я никогда не видел, чтобы ты промахивался, тем более с такого расстояния.

Он до предела натянул тетиву и выпустил стрелу в направлении дуба. Стрела ударила в ствол на приличном расстоянии от розы.

— Куда подевалось твое мастерство, Раман? Я ожидал увидеть нечто более впечатляющее.

— Видишь ли, я привел тебя в этот тихий уголок не для этого. Этот неудачный выстрел наглядно показывает тебе, как важно видеть цель и осознавать, в каком направлении ты движешься. Это и есть главный принцип просветленной жизни. Человек никогда не достигнет цели, если не видит ее. Люди все время витают в облаках, мечтая о каком-то абстрактном счастье, абстрактном здоровье, абстрактных желаниях. Но мало кто может посвятить десять минут в месяц, чтобы набросать на листе бумаги хотя бы приблизительные цели и чуть-чуть поразмышлять о том, зачем они вообще живут на этом свете. Задуматься над своей Дхармой. Поставь перед собой четкую цель — и жизнь твоя мгновенно наполнится смыслом. Ты увидишь, как богат и прекрасен мир, как много в нем чудес. Уже предки великих мудрецов знали: прежде чем желание исполнится, человек должен точно знать, чего он желает, будь то духовное совершенствование, здоровье или финансовое благополучие. Без этого условия желание никогда не воплотится в жизнь. В мире, к которому ты привык, люди стремятся прежде всего к материальному богатству. Замечательно, если эта цель для тебя действительно важна. Но кроме материальной сферы есть еще и духовная — и в ней тоже должны быть четкие цели. Иначе ты не сможешь совершенствоваться. Возможно, тебя удивит тот факт, что мой внутренний покой, которым ты восхищаешься, тоже результат четко поставленной цели. Я ежедневно ставлю перед собой цель обрести спокойствие, энергию и любовь, которую я смогу дарить людям. Так что постановка целей не является уделом одних лишь высокооплачиваемых адвокатов. Каждый человек, стремящийся к совершенству как в духовном, так и в материальном плане, должен иметь при себе лист бумаги, на котором будут записаны его жизненные цели. Если он это сделает, сама Вселенная начнет воплощать их в жизнь.

Я был восхищен его словами и сразу вспомнил свои детские годы. Тренер нашей школьной команды по футболу никогда не выпускал нас на поле без четкого плана игры. Он всегда говорил: «Вы должны видеть конечный результат», настраивая нас на победу. Сейчас мне было странно, отчего я не применил этот опыт к своей собственной жизни. Я чувствовал неоспоримую правоту Джулиана и его наставника Рамана.

— Не слишком ли это просто — написать на листке бумаги свои жизненные цели? — спросил я Джулиана. — Разве с помощью этого можно изменить жизнь?

Глаза Джулиана заблестели.

— Я рад, что разбудил в тебе интерес к жизни. Да будет тебе известно, Джон, что именно этот интерес — первый шаг к успеху. Помнишь, я говорил тебе, что в голове человека за день может промелькнуть до шестидесяти тысяч мыслей? Когда ты записываешь свои жизненные цели на бумаге, ты словно ставишь на них красную метку, и твое подсознание понимает, что именно эти мысли — наиболее важные по сравнению с остальными 59 999. Если уподобить твое подсознание космическому кораблю, то получится, что так ты задаешь ему верный курс, и он летит прямо к цели. Это один из основных законов природы.

— Некоторые из моих коллег всегда ставят перед собой определенную цель. И их гонорары действительно впечатляют. Однако я бы не назвал их счастливыми людьми, — заметил я.

— Возможно, все дело в том, что они ставят перед собой неправильные цели. Понимаешь, Джон, мир всегда дает нам то, что мы от него требуем. Нет такого человека, который бы не хотел иметь крепкое здоровье, быть бодрым и наслаждаться жизнью. Но спроси большинство людей, чего они хотят — и никто не даст тебе внятного ответа. Когда ты определяешь цели и пытаешься понять, в чем состоит твоя Дхарма — лишь тогда твоя жизнь начинает действительно меняться.

Джулиан взглянул на меня, и в его глазах я увидел свет истины.

— Знаешь ли ты людей, чье имя звучит необычно? — продолжал он. — Ты никогда не замечал, что именно такие имена чаще всего встречаются в средствах массовой информации, и между собой люди любят посудачить об их успехах. Или же, скажем, тебе мимоходом рассказали о новом способе удить рыбу, а затем вдруг все вокруг начинают говорить о невероятном улове, который приносит именно этот способ? Все это — примеры закона, который Раман и сиванские мудрецы называют «Джорики», что в переводе означает «сосредоточение». Если ты всеми фибрами души сосредоточишься на саморазвитии, то ты узнаешь, в чем заключается твое призвание. Сейчас ты преуспевающий адвокат, но, возможно, ты был бы замечательным педагогом. Ты умеешь учить и обладаешь достаточным терпением. А может быть, в тебе скрывается талант архитектора или художника? Ищи свое призвание и приложи все усилия для того, чтобы его реализовать.

— Думаю, для меня было бы огромным разочарованием прожить жизнь, так и не узнав, в чем мой истинный талант, который я мог бы развить и с его помощью хоть немного помогать людям.

— Совершенно верно. Поэтому прямо сейчас дай себе обещание все время помнить о своей жизненной цели. Ты стоишь на перепутье тысячи дорог. Время дорого: ты должен как можно быстрее выбрать свою. В этом тебе поможет твой разум — великолепный и безотказный фильтр. Если ты используешь его по назначению, он отфильтрует все лишнее и впустит в сознание лишь то, что тебе нужно именно в эту минуту. Пока мы здесь беседуем, вокруг происходит миллион событий. Но какое нам до них дело? По бульвару гуляют влюбленные, за стеклом в аквариуме позади тебя плавает золотая рыбка, кондиционер охлаждает воздух, а если хорошенько прислушаешься, то услышишь, как стучит сердце. Если я сосредоточусь на биении сердца, я уловлю его ритм. Так и с жизненными целями: стоит тебе сконцентрироваться на них, как фильтр твоего сознания начнет отсекать лишнюю информацию и сфокусируется на том, что тебе потребуется для достижения цели.

— Я думаю, мне давно пора определиться с целями, — заметил я. — Однако мне грех жаловаться на жизнь. Просто иногда я чувствую, что все то, что я имею, не приносит мне должного удовольствия. Умри я сегодня — в мире ничего не изменится. Это нагоняет на меня тоску и уныние. Знаешь, а какой-никакой талант у меня все же имеется. В юности я увлекался рисованием и достиг в этом определенных успехов. Но я понимал, что профессия адвоката меня прокормит всегда — в отличие от искусства.

— Верно, ты часто жалел о том, что не посвятил себя живописи?

— Честно? Я об этом даже не вспоминал. Хотя... когда я рисовал, то был по-настоящему счастлив.

— Ты чувствовал огонь вдохновения?

— О, да! Стоило мне взять в руки кисть, как весь мир переставал существовать для меня. Время останавливалось. Я был полностью поглощен картиной и чувствовал себя свободным как птица. Я словно попадал в другой мир, где царит иное время.

— Значит, ты уже знаком с силой Джорики — когда ты полностью сосредоточен на том, что тебя вдохновляет. Как сказал Гёте, «мы становимся частью того, что любим по-настоящему». Подумай, не в том ли и заключается твоя Дхарма, чтобы поразить мир своим талантом художника? Я считаю, ты обязательно должен ежедневно заниматься рисованием.

— А можно ли перевести этот закон в более материальную плоскость? — смущенно улыбнулся я.

— Например?

— Например, я бы хотел (хотя это, разумеется, не главная цель моей жизни) немного уменьшить объем своей талии. Что я должен сделать?

— Это нормальное желание. Видишь ли, любое искусство требует тренировки, в том числе и искусство постановки целей. Начинай тренироваться на малых задачах.

— Как говорится, путь в тысячу миль начинается с первого шага?

— Именно так. Решая небольшие конкретные задачи, ты подготовишься к достижению великих целей. А что касается твоего вопроса, то любой мудрец помимо определения основных жизненных целей определяет и те цели, которые нужно решать ежедневно.

Джулиан принялся объяснять мне, что у сиванских мудрецов существует метод, состоящий из четырех шагов. Эта простая практика помогает быстро и эффективно достигать своих целей. Первый шаг заключается в том, чтобы нарисовать в своем воображении конечную цель. Тот, кто хочет похудеть, должен каждое утро представлять себя стройным, сильным, энергичным человеком. Чем ярче и выпуклей будет этот образ, тем быстрее исполнится желание. Ведь наше сознание — это настоящая пещера Али-Бабы, и когда мы рисуем в воображении цель, то открываем вход в эту сокровищницу. Вторым шагом должно быть побуждение. Люди часто принимают решения, но крайне редко претворяют их в жизнь. Старые привычки не отпускают. Человек должен побуждать себя. Побуждение приводит к тому, что у человека появляется вдохновение. В критической ситуации каждый из нас способен на поразительные вещи, потому что сама обстановка побуждает нас совершать невероятные поступки.

— Побуждать себя — это как? — Я сразу стал прикидывать, как можно использовать этот шаг для решения ежедневных проблем, таких как нежелание покидать постель по утрам или вопросы воспитания детей.

— Тут можно прибегнуть к некоторым уловкам. Например, прилюдно пообещать сделать это. Начни говорить всем, что ты занялся собственной фигурой или собираешься написать книгу, или что-то еще. Едва ты дашь обещание миру, у тебя появится побуждение — и оно заставит тебя шевелиться. Ты же не хочешь прослыть человеком, слову которого нельзя доверять? Но мои наставники из Сиваны действовали куда решительнее. Например, они давали клятву, что если не достигнут цели — а этой целью могло быть что угодно, например, недельный пост или пробуждение в четыре утра для медитации — то будут стоять под ледяным водопадом, пока их конечности не потеряют чувствительность. Это, конечно, довольно жесткая мера, но она помогает выработать сильнейшее побуждение.

— Довольно жесткая? Джулиан, да это просто какое-то зверство! Ну и привычки у сиванских мудрецов!

— Зато действует безотказно. Понимаешь ли, сознание работает очень просто: если ты приучишь его к тому, что поступать в соответствии с твоими целями доставляет удовольствие, а дурные поступки наказываются, ты очень быстро избавишься от всех вредных привычек.

— Но ты рассказал мне только о двух первых шагах, — я горел нетерпением. — А всего их пять.

— Давай повторим, Джон. Первый шаг — нарисовать в воображении цель. Второй шаг — создать побуждение. Третий шаг очень прост. Для каждой цели нужно правильно рассчитать время, необходимое для ее достижения. Понимаешь, каждая цель должна иметь свой «срок годности». Например, ты готовишься к судебному заседанию и в первую очередь уделяешь внимание тем делам, которые будут слушаться завтра. Дела же, слушания которых еще не назначены, ты оставляешь в стороне. И еще. Запомни раз и навсегда, Джулиан: то, что не написано на бумаге, целью не является. Купи себе самый обычный блокнот. Хочешь — дай ему громкое имя, например, «Книга достижения целей». Запиши там все свои цели, желания и мечты — и ты узнаешь о себе самом много интересного.

— Думаешь, я плохо себя знаю?

— Большинство людей вообще не знакомы со своим внутренним миром. Они не представляют, в чем их сила, а в чем — слабость. Наши мечты и помыслы — это отражение души. Китайцы в своей философии используют образ трех зеркал, в которых отражается душа человека. В первом зеркале человек отражается таким, каким видит сам себя, во втором — каким видят его окружающие, но истинно лишь отражение в третьем зеркале. Ты должен увидеть это третье отражение, Джон. В твоей «Книге достижения целей» должны быть отдельные страницы для желаний, связанных со здоровьем, материальным благополучием, отношениями между тобой и людьми. Самое главное, не забудь выделить страницы для саморазвития.

— Ничего себе! Саморазвитие тоже требует письменного планирования! — воскликнул я. — Я никогда не думал, что в этом вопросе так важно делопроизводство.

— Очень важно. А знаешь, как сделать свою «Книгу достижения целей» более эффективной? Можно вклеивать туда изображения того, чего ты хочешь достичь. Например, фотографии стройных людей — марафонца или известного спортсмена, или же тех личностей, которые обладают качествами, о которых ты мечтаешь. Ты хочешь стать любящим отцом? А кто в жизни для тебя является примером идеального отца? Возможно, твой собственный папа? Помести его фото на одну из страниц, посвященных взаимоотношениям. Ну, а если ты мечтаешь о домике у моря или о крутой спортивной машине, вклей в свою «Книгу целей» изображения этих вожделенных вещей. Главное — не забывать заглядывать в эту книгу каждый день. Хотя бы мельком. Обещаю тебе: ты будешь очень удивлен результатами.

— Интересно... А ведь этот метод, должно быть очень древний, Джулиан? Но я уверен, что и сегодня он может быть полезен очень многим моим знакомым. Например, моя жена с удовольствием завела бы себе «Книгу достижения целей». Я даже знаю, чем она ее заполнит: фотографиями, где я еще строен и подтянут.

— Не такой уж ты и толстяк.

— А Дженни постоянно зовет меня «Мистер Булочкин», — засмеялся я, и нас обоих накрыл приступ взрывного смеха.

— Если есть силы смеяться над собой, значит, еще не все потеряно, — сказал я, успокоившись.

— Что правда, то правда, дружище. В моей прежней жизни я дошел до того, что вообще разучился смеяться. Я воспринимал все очень серьезно. Сейчас я напоминаю себе игривого малыша и наслаждаюсь жизнью во всех ее проявлениях, пусть даже самых мелких. Однако мы отвлеклись, а мне еще надо рассказать тебе очень многое. Итак, о пяти шагах. Ты нарисовал в воображении яркую картинку своей цели, побуждение придало тебе сил, определил сроки для выполнения задач и все это записал на бумаге. Теперь настало время совершить четвертый шаг. Он важен настолько, что Раман дал ему особое имя. Этот шаг называется «Тайна двадцати одного дня». Сиванские мудрецы утверждают, что для выработки новой привычки требуется ровно двадцать один день.

— Почему именно двадцать один?

— Раман говорил, что от дурной привычки избавиться нельзя, как бы мы ни старались.

— Не понимаю. Ты весь вечер убеждал меня в том, что жизнь можно изменить, но разве это возможно, если все мои дурные привычки останутся со мной?

— От них нельзя избавиться. Но их можно заменить на другие.

— Логично.

— Но чтобы новый способ действия стал привычкой, нужно вкладывать в нее энергию, и тогда старая привычка уйдет сама, подобно человеку, который пришел в гости не ко времени. Этот процесс занимает ровно три недели — именно такое время нужно мозгу, чтобы установить новые связи между нейронами.

— Например, я начну выполнять ритуал «Сердце Розы», чтобы изжить привычку к суетливости и обрести внутренний покой. Должен ли я выполнять этот ритуал в одно и то же время суток?

— Ты задаешь хорошие вопросы. Запомни, Джон, ты ничего не должен. Никогда. Я рассказываю тебе все это потому, что всем сердцем желаю видеть тебя более счастливым и гармоничным. Все практики сиванских мудрецов оттачивались на протяжении столетий. Я бы очень хотел, чтобы ты попробовал все практики, разработанные в Сиване, но это принесет плоды лишь в том случае, если ты согласишься на это по доброй воле. Понимаешь, когда мы делаем что-то из чувства долга, мы поступаем неправильно. Единственно верная мотивация — твое желание и уверенность в правильности выбранной цели.

— Мне нравится твоя логика, Джулиан. Но тебе не следует беспокоиться о том, что ты слишком настойчив. Я испытываю огромную жажду знаний и впитываю их, как губка. Да и вообще, единственное, что мне можно навязать, это сладкие булочки. Тут меня и уговаривать не надо, — хохотнул я.

В глазах Джулиана заиграли лукавые искорки.

— Ну и отлично. А теперь я отвечу на твой вопрос. Будет очень полезно выполнять ритуал «Сердце Розы» каждый день в одно и то же время, и желательно — в одном и том же месте. Постоянство таит в себе огромную мощь. Великие спортсмены перед олимпийскими играми едят одни и те же продукты или завязывают шнурки одним и тем же способом. Приверженцы какой-либо религии соблюдают одни и те же обряды и носят особые одеяния. Они знают о силе повторений. Даже у бизнесменов есть свои ритуалы: например, они гуляют только по одной стороне улицы или же повторяют одни и те же фразы перед важными переговорами. Если какое-то действие становится неотъемлемой частью твоей повседневной жизни, оно превращается в привычку. Просыпаясь утром, мы автоматически встаем, идем в ванную, умываемся, чистим зубы. Так что повторяй ритуал двадцать один день подряд, в одно и то же время, в одном и том же месте — и это станет частью твоего распорядка дня. Любое действие — ритуал, медитацию, раннее пробуждение или чтение вдохновляющих книг — можно превратить в привычку, подобную привычке чистить зубы.

— Это и есть последний шаг к достижению цели?

— Да, и он применим к любой ситуации.

— Хорошо, учитель, но чаша моего сознания все еще пуста, — торжественно вымолвил я.

— Постарайся научиться получать удовольствие от самого процесса. Йоги Сиваны глубоко убеждены, что день, проведенный без наслаждения жизнью — это мертвый день.

— Не очень тебя понимаю, Джулиан.

— Просто не забывай о простых радостях, сопровождающих тебя на пути к цели. Учись замечать красоту во всем сущем. Каждый новый день должен стать для тебя великим даром. Сохраняй воодушевление, радость и интерес. И будь внимателен к людям — ты должен им бескорыстно служить. Обо всем остальном не волнуйся — Вселенная снабдит тебя всем необходимым. Это самый мудрый закон природы.

— А как же прошлые ошибки?

— Не сожалей о них. Помни, что мироздание изначально гармонично. Все, что случилось в прошлом, имело свой смысл. Так же, как и все, что свершится в будущем. Помнишь мои слова о том, что в жизни нет ошибок, но есть уроки? Так что не придавай значения мелочам. Просто живи и радуйся.

— Ты, должно быть, очень устал, Джулиан.

— Вовсе нет. Я полон энергии и готов продолжать свое повествование.

— Твой дар убеждения не знает равных. Ты сделал бы неплохую карьеру в рекламном бизнесе, — пошутил я.

— Не понимаю, о чем ты, — вежливо произнес он.

— Да ни о чем... такой вот у меня странный юмор.

— Тогда давай вернемся к притче о саде сознания.

— Слушаю тебя.

— Прежде всего, ты должен знать одно особое слово, которое мудрецы Сиваны почитали больше всего.

— И какое же это слово?

— Очень простое. Но именно это слово отличает речь сиванского мудреца от речи любого другого человека. Это слово — горение. Ты должен помнить о нем, когда идешь по пути достижения целей. Горение сердца — мощнейшая энергия, которая подпитывает твои мечты. Современные люди больше не горят любовью, не горят желаниями. Они утратили горение. Они делают что-либо не потому, что страстно желают этого, а потому, что должны. Это — прямой путь к провалу. Когда я говорю о горении души, я не имею в виду пылкую влюбленность, хотя и она может сделать человека счастливым. Я говорю о том горении, которое поддерживает в человеке огонь жизни. Ты же хочешь просыпаться по утрам и ощущать себя полным сил и желаний? Тогда зажги в себе огонь любви ко всему, что делаешь. Тогда к тебе придут и материальные блага, и духовные дары.

— Да разве это так легко?

— Очень легко. Прямо с этой минуты начни контролировать свою жизнь. Ты — хозяин своей судьбы. Это — твоя игра, и ты устанавливаешь правила. Ищи свое призвание — и оно будет поддерживать в тебе горение жизни. И помни: прошлое и будущее — не существуют. Есть только ты. Здесь и сейчас.

— Благодарю тебя, Джулиан. Для меня это крайне важно. До сегодняшнего вечера я никак не мог понять, чего же именно мне не хватает в жизни. Я жил без цели и без смысла. Но с этого вечера все изменится — я тебе обещаю.

— Не стоит благодарностей, дружище. Я просто выполняю свою миссию.

Глава 8: Суть проповеди Джулиана в двух словах. Огонь Духа

Неуклонно двигаться к цели.

•

Смысл жизни — это жизнь со смыслом.

•

Найди смысл жизни — и исполнишь свою Дхарму.

•

Ставь перед собой четкие цели и побуждай себя достигать их.

•

Пять шагов к достижению цели.

•

Не пренебрегай простыми радостями жизни. Ищи красоту во всем сущем. Каждый новый день воспринимай как великий дар. Поддерживай в себе горение души. Внимательно относись к людям и бескорыстно служи им. Вселенная позаботится обо всем, что тебе требуется на этом пути.

ГЛАВА ДЕВЯТАЯ

ДРЕВНЕЕ ИСКУССТВО САМОСОВЕРШЕНСТВОВАНИЯ

Разумен тот, кто воспитывает сам себя.

Конфуций

— Скоро рассвет, — заметил Джулиан, наливая себе свежего чая. — Сказанного достаточно, или ты хочешь услышать что-нибудь еще?

Я не мог позволить ему уйти просто так — ведь он обладал настоящей сокровищницей мудрости. Не скрою, сначала я воспринимал его рассказ как некую сказку. Но чем больше я его слушал, тем больше понимал, что в его словах содержится истина. Я безоговорочно поверил ему. Нет, его рассказ вовсе не был бахвальством или выдумкой. Джулиан пережил все то, о чем говорил. Безусловно, его история была правдивой.

— Хочу еще, Джулиан. Времени до рассвета много. Дети в гостях у бабушки с дедушкой, а Дженни поднимется только утром.

Он обрадовался моему искреннему интересу к притче, которую поведал ему Раман.

— Ты уже знаешь, что сад из притчи символизирует твое сознание. Если ты будешь возделывать его, как возделывают сад, оно вознаградит тебя богатым урожаем. Маяк — символизирует цель и напоминает о том, как важно следовать своему призванию. Но если ты помнишь, в притче из маяка выходит трехметровый великан — борец сумо.

— Прямо как в фильме о Годзилле, — пошутил я.

— В детстве я эти фильмы просто обожал! — в тон мне отвечал Джулиан.

— И я тоже... но прости, я перебил тебя.

— Итак, что же это за символ? — голос Джулиана мгновенно стал серьезным. — Тысячи лет тому назад восточные мудрецы открыли философию кайзен. В переводе с японского это означает постоянное саморазвитие. Самосовершенствование, которое не прекращается до самой смерти. Этим и отличается просветленный человек от обычного.

— А как философия кайзен помогала мудрецам в жизни? — спросил я.

— Я говорил тебе, Джон, что внешнее благополучие — результат огромной внутренней работы. К чему бы ты ни стремился в жизни: к здоровью ли, успеху в работе или установлению новых контактов, сначала ты должен заняться собственной душой. Практика кайзен — кратчайший путь к этому.

— Джулиан, поверь, что твои слова о душе и самосовершенствовании для меня не просто очередной эзотерический бред, — извиняющимся тоном произнес я. — Но все же не забывай о том, что я всего лишь средней руки адвокат, как и все люди моего круга, я живу в загородном доме, а в моем гараже — автомобиль и газонокосилка. До этого момента я понимал все, что ты говорил. Твой рассказ был полон здравого смысла (хотя, между нами, здравый смысл — это не совсем то, что подразумевают многие люди в современном обществе). Но сейчас я перестал понимать тебя. Что это за философия кайзен, и как я должен совершенствовать свой внутренний мир?

Джулиан не замедлил с ответом.

— Люди считают неполноценными всех, кто образован хуже, чем они. Но все дело в том, что тот, кто знает о своем невежестве и жаждет знаний, быстрее достигает просветления, чем все прочие. Мне нравится, что ты осознаешь то, что у тебя недостает знаний, и не боишься в этом признаваться. Это значит, что душа твоя открыта к переменам, а перемены — главная движущая сила в истории. Обычные люди страшатся перемен, мудрые же приветствуют их. Если ты говоришь о том, что чаша твоя пуста, значит, ты на правильном пути. Ты самосовершенствуешься. Не бойся задавать глупые вопросы — даже самому себе. Вопросы — наиболее быстрый способ постичь истину.

— Благодарю, Джулиан, — я почтительно склонил голову. — И все же, я не понимаю, что такое кайзен.

— Постоянное совершенствование внутреннего мира — это величайший дар, который ты можешь сделать сам себе. Возможно, тебя пугает то, что на работу над собой требуется время. Ты думаешь, что если потратишь на это пару часов в день, то не успеешь сделать какие-то важные дела и карьера твоя пострадает. Не допускай подобные мысли в свое сознание. Не совершай эту ошибку многих недалеких людей. Помни, что если ты выкроишь время для того, чтобы развить в себе все качества, о которых ты мечтаешь, такие, как воля, оптимизм, самодисциплина — то у тебя хватит времени на все твои дела. Не теряй веры в себя, и тогда удача никогда от тебя не отвернется. Найди время для ежедневной работы со своим сознанием, заботься о физическом здоровье и дисциплинируй душу. Вот тогда к тебе придет и материальное благополучие, и здоровье, и мощная духовная энергия. Помни, что сказал Эпиктет много веков назад: «Без власти над собой невозможно обрести свободу».

— Значит, философию кайзен можно практиковать в обычной жизни? — уточнил я.

— Еще как! — воскликнул Джулиан. — Сам посуди, Джон: как человек может управлять гигантской корпорацией, если прежде не достигнет самодисциплины? Как можно воспитывать детей, быть главой семьи если ты не воспитал сам себя? Понимаешь?

Я кивнул, соглашаясь с ним. Впервые в жизни я серьезно задумался о саморазвитии. Иногда, проезжая в метро, я видел людей, читающих книги с названием вроде «Сила Сознания» или «Познай самого себя». Признаться честно, я посмеивался над ними. Я считал, что, должно быть, у этих людей полно комплексов — и они ищут способ избавиться от них. Теперь же я думаю, что люди, находящие время для того, чтобы самосовершенствоваться, настоящие герои. Ведь только усовершенствовав самого себя, можно понять, как улучшить жизнь окружающих. Я стал размышлять над теми аспектами своей жизни, которые нуждались в улучшении. Мне крайне важно восстановить здоровье и обрести тонус: ведь порой мне просто не хватает сил на то, чтобы выполнить все запланированные на день дела. Я знаю, что мой невыносимый характер и привычка перебивать других, не дослушав, плохо влияет на мои отношения с членами семьи. А если бы я перестал беспокоиться о будущем, то наверняка обрел бы спокойствие и гармонию. Я понимал, что если займусь воспитанием самого себя, то все сферы моей жизни изменятся к лучшему. Я перестану спешить, забуду о суете и утомлении, буду больше общаться с близкими. Мысль о том, что у меня появятся силы и время для занятий с детьми, воодушевила меня. Однако в словах Джулиана было еще что-то, кроме важности ежедневных занятий, здорового питания и размеренного образа жизни. Все это замечательно, но в Гималаях он постиг тайны, наполненные глубоким смыслом. Он утверждает, что укрепление воли и осознанная жизнь делают человека счастливым. Смелость может воспитать каждый, и это в конце концов приносит большую выгоду.

— Что такое смелость, и как она связана с духовным ростом? — спросил я.

— Смелость — это то, что помогает тебе устанавливать свои собственные правила и границы. Ты смело совершаешь поступки, так как уверен в правильности своих решений. Смелость дает тебе силы для новой попытки, когда все остальные отказались от борьбы. То, насколько ты бесстрашен, показывает, насколько ты следуешь своему призванию. Лишь смелость поможет тебе прожить жизнь, полную чудес. Те, кто занят постоянным самосовершенствованием, — самые смелые люди на земле.

— Что ж, теперь мне понятно, почему нужно все время работать над собой. Но с чего мне начать?

И Джулиан снова вернул меня в ту звездную ночь, когда он сидел с Раманом на вершине горы.

— Так же, как и ты, я тоже не сразу разобрался с философией кайзен, — откровенно признался он. — Ведь я был состоявшимся юристом, отличником Гарвардской школы — а это кое-чего стоит! Я считал, что все эти брошюрки по саморазвитию, которые пытались мне всучить бомжеватого вида типы, только отнимают время. Но это было моей большой ошибкой. Я жил в рамках представлений, которые ограничивали меня. Я слушал Рамана и думал о том, как много страданий причинил мне мой прежний образ жизни, и я всей душой стремился обрести новую жизнь благодаря философии кайзен. Ведь она учит непрерывному совершенствованию души, духа и тела. Благодаря ей мое духовное богатство будет непрерывно расти.

— Знаешь, я последнее время я только и слышу о «духе, душе и теле». Стоит мне включить телевизор, как я попадаю на проповедника, вещающего об этих вещах, — перебил его я. — И честного говоря, меня не вдохновляют все эти проповеди. Я просто не верю тем, кто об этом говорит.

— Пойми, что нельзя взрастить дух, не совершенствуя тело, — мягко ответил Джулиан. — Если ты будешь здоров и крепок физически, но при этом душа твоя будет мелкой и пустой, то все время будешь метаться от одного к другому, и нигде не найдешь удовлетворения. Если же ты отдашь все силы тому, чтобы раскрыть в себе потенциал всех трех составляющих твоей сущности, ты воистину достигнешь просветления и обретешь вечное блаженство.

— Все это очень волнует меня, друг мой, — искренне сказал я.

— Относительно же того, с чего начать — давай прямо сейчас займемся конкретными практиками. Обопрись руками об пол, словно хочешь отжаться, — скомандовал он.

(«Прямо как в армии, — подумал я, — а Джулиан — как старший сержант».) Однако мне было любопытно, что будет дальше, и я сделал так, как он велел.

— Теперь отожмись столько раз, сколько сможешь. Не останавливайся до тех пор, пока не выбьешься из сил.

Пыхтя и краснея, я отжимался с большим трудом. Самая большая физическая нагрузка, которую знало мое стокилограммовое тело — поход с детьми в ближайший Макдоналдс или же субботний гольф с партнерами. Я отжался пятнадцать раз и впал в полуобморочное состояние. Ночь была жаркой, и я пропотел до нитки. Но я был настроен не ударить лицом в грязь и продолжал отжиматься, пока моя решимость не иссякла вместе с физическими силами. Отжавшись двадцать три раза, я упал на пол.

— Это все. Больше не могу, — прохрипел я.

— Уверен, что не можешь?

— Абсолютно. Мне нужна передышка. Если это урок, то урок того, как в кратчайшие сроки довести себя до инфаркта.

— У тебя хватит сил еще на десять отжиманий. Так что продолжай, — тон Джулиана не допускал возражений.

— Ты шутишь??.

Но мне пришлось подчиниться. Один, два... пять... восемь... Десять! Я свалился на пол почти бездыханным.

— Я изнемогал так же, как и ты, в ту великую ночь с Раманом, когда услышал от него странную притчу, — спокойно произнес Джулиан. — И он сказал мне, что лучший учитель — это боль.

— Да чему же можно научиться, так издеваясь над собой? — задыхаясь, выговорил я.

— Раман и другие великие мудрецы Сиваны считали, что человек больше всего растет тогда, когда выходит из привычных границ и попадает в пространство Неведомого.

— Допустим. Но причем тут «упал-отжался»?

— Когда ты отжался двадцать три раза, то сказал, что на большее у тебя не хватит сил, — бесстрастно констатировал он. — Но я заставил тебя сделать еще десять отжиманий — и ты сделал их. Преодолев себя, ты открыл скрытый источник сил. Раман научил меня одной великой истине: «Все ограничения собственной жизни создаешь ты сам». Ты должен покинуть зону комфорта и шагнуть в Неведомое — вот тогда-то твои способности и таланты получат мощный стимул к развитию. Это первая ступень к овладению собственным сознанием. Постоянно преодолевая собственные ограничения, как ты только что сделал, ты высвобождаешь энергию, скрытую в теле и сознании.

«Удивительно, — подумал я. — И ведь совсем недавно я читал о том, что человек использует только сотую часть своего потенциала». Мысль, что используя весь свой потенциал, мы могли бы вершить великие дела, не выходила у меня из головы.

Джулиан словно читал мои мысли.

— В этом и состоит философия кайзен, — ласково улыбаясь, объяснял он. — Каждый день возвращайся к ней, постоянно совершенствуй возможности твоего тела и сознания. Закаляй свой дух. Без страха делай то, что прежде ты боялся сделать. Поднимись до рассвета, чтобы увидеть восход. Гуляй босиком по лужам. Стань, наконец, тем, кем ты хочешь быть. Не бойся совершать то, чего никогда не делал раньше оттого, что считал себя то слишком молодым, то слишком старым, то слишком обеспеченным, или же, наоборот, слишком бедным. Живи полной жизнью! Знаешь, на Востоке есть поговорка: «Счастье приходит к тому, кто к нему готов». Сама жизнь приходит к тому, кто готов к ней!

Джулиан вдохновенно продолжал:

— Исследуй свои границы и найди свои страхи. Чего ты боишься? Выступать публично или знакомиться с новыми людьми? Может быть, тебе не хватает оптимизма, или нужно больше энергии? Составь список своих слабых мест. Гармоничные люди постоянно исследуют себя. Выдели время для того, чтобы понять — что же тебя ограничивает? Как только ты определишь все свои слабости и страхи, ты должен объявить им войну. Если ты боишься выступать перед публикой — дай себе зарок двадцать раз выступить со спичем. Боишься затевать новый проект или не знаешь, как отвязаться от бесполезного знакомства? Напряги все свои силы — но сделай это. Страха не существует. Он выдуман тобой. Это всего лишь негативные мысли, захватившие твое сознание. Выгони их — и впервые за много лет ты почувствуешь, как сладок вкус свободы.

— Страха не существует? — изумился я. — Однако мне это нравится! Неужели ты хочешь сказать, что мои страхи подобны воображаемым чертикам с хвостами и рогами, которые проникли в мой разум и наводняют его дурными предчувствиями?

— Именно это я и хочу сказать, Джон. Именно они сдерживали тебя, когда ты хотел совершить решительный поступок. Ты поддавался им — и тем самым питал их энергией. Уничтожь их — и станешь победителем в своей собственной жизни.

— Без примера я вряд ли это пойму, — я пожал плечами.

— Отлично. Взять хоть публичные выступления, которых большинство людей боится до полусмерти. В мою бытность адвокатом я часто наблюдал, как начинающие юристы боятся даже войти в зал суда. Они были готовы отказаться от гонорара, только бы не выступать перед переполненным залом.

— Я таких тоже видел.

— Как ты думаешь, этот страх — нечто врожденное?

— Вряд ли.

— А ты присмотрись к детям. У них же нет никаких страхов. Сознание ребенка — огромный простор для возможностей. Главное — правильно воспитать ребенка и позволить ему развить его сознание. Если же ребенка пугать и наполнять его разум негативными мыслями, то получится среднестатистический гражданин — и это в лучшем случае. Любой новый опыт, хоть выступление в суде, хоть просьба о повышении, или же плавание в озере под палящим солнцем, прогулка лунной ночью — все это может приносить как страдание, так и радость. Что ты будешь испытывать, зависит только от тебя.

— Любопытно.

— Если воспитывать ребенка соответствующим образом, то он не научится радоваться солнечному дню и будет бояться даже безобидного щенка. Взрослому можно так запудрить мозги, что он будет думать, будто наркотики — вполне безобидное развлечение.

— Мы играем по тем правилам, которые принимаем?

— Ну разумеется! — воскликнул Джулиан. — Что такое страх? Не что иное, как защитная реакция, выработавшаяся с годами. Это просто дурная привычка, которая отнимает у тебя радость жизни, энергию и твое собственное «Я». Если страх распахнет перед тобой свою безобразную пасть — срази его как можно быстрей. А лучший способ борьбы со страхом — сделать то, чего боишься. И чем больше ты боишься, тем быстрее ты должен это сделать. Главное — не медлить. Промедление только увеличивает страх. Природа страха очень проста. Ты сам его создаешь — ты его можешь и уничтожить. Исследуй свои страхи и уничтожай их. Страхи — это лазутчики, которые проникли в штаб твоего сознания. Выяви их и уничтожь. Это даст тебе силы и веру в себя.

— А можно ли совсем не испытывать страха? — спросил я.

— Чудесный вопрос! — с восхищением произнес Джулиан. — Я отвечу однозначно: «Да, можно!» Каждый из сиванских мудрецов был абсолютно бесстрашен. Смелость сквозила во всем — в их походке, в интонациях, во взгляде их глубоких глаз. Я должен кое-что сказать тебе, Джон, — доверительно произнес он.

— Слушаю тебя, — откликнулся я.

— Я тоже никогда не испытываю страха — и это вовсе не бахвальство. Я действительно ничего не боюсь и могу совершить любой поступок — если, конечно, он не противоречит моим нравственным установкам. Я достаточно познал себя и понимаю, что моя настоящая суть — безграничная сила и безграничные возможности. Всю свою прежнюю жизнь я пренебрегал собой и не следил за своими мыслями. Когда ты, подобно мне, избавишься от страхов, то сразу помолодеешь. Твое здоровье серьезно улучшится. Ты вообще забудешь, что такое болезнь, потому что страх — одна из главных причин телесных недугов.

— Мне известно о том, что сознание связано с телом, — с умным видом изрек я. — Последние научные исследования говорят об этом.

— На Востоке это было известно еще пять тысяч лет назад, так что не думай, что это открытие нового времени, — он искренне улыбнулся. — Сиванские мудрецы научили меня еще одной истине, которая, думаю, тебе очень поможет. Когда я чувствовал, что слишком беспечно отношусь к жизни, я обращался за помощью к этой истине. Вот она: просветленные люди делают то, что обычные люди терпеть не могут. Тот, кто умеет жертвовать сиюминутными удовольствиями ради вечного блаженства, воистину просветлен! Они не дают и шанса своим страхам и слабостям, даже если выход в Неведомое грозит реальными опасностями. Они живут, воплощая в жизнь философию кайзен, и постоянно совершенствуют все качества своего характера. Это приводит к тому, что они с легкостью вершат дела, которые прежде казались им невыполнимыми. Страхи, ограничивавшие их силы, рушатся, как карточный домик от дуновения ветра.

— Значит, прежде чем моя жизнь изменится, я должен измениться сам?

— Конечно. Мой старый профессор на юрфаке как-то рассказал мне одну историю. Отец пришел домой с работы, и больше всего на свете ему хотелось отдохнуть в кресле с газетой. Но ему мешал его маленький сын, которому хотелось, чтобы отец поиграл с ним. В конце концов отец вышел из себя, вырвал из газеты рисунок земного шара, порвал его на мелкие кусочки и бросил перед сыном. «Когда соберешь картинку, мы с тобой поиграем», — сказал он, полагая, что и за целый вечер малыш не справится с этим сложным заданием. Каково же было его удивление, когда спустя всего минуту сын сказал ему: «Готово, папа» — и он увидел полностью собранный рисунок. На вопрос отца, как ему это удалось, малыш ответил: «Очень просто: на обратной стороне был человек. Я собрал человека — и мир сложился сам собой».

— Замечательная история.

— Так что, Джон, мудрецы есть везде — и в Сиване, и среди Гарвардской профессуры.

— Расскажи еще, — с нетерпением попросил я.

— Я все время говорю об одном и том же: счастье приходит к тебе тогда, когда ты выполняешь свою Дхарму. Делай то, что ты любишь, и будешь всегда удовлетворен жизнью.

— Если можно достичь счастья, просто выполняя любимую работу, почему же люди в большинстве своем столь несчастны? — размышлял я вслух.

— Ты верно подметил это, Джон, — он посмотрел на меня. — Но делать то, что любишь, не так-то просто. Например, чтобы стать актером, тебе потребуется отказаться от стабильной работы, приносящей неплохой доход. Смена рода занятий — это шаг, требующий смелости. Ты должен шагнуть из привычных границ в пространство Неведомого. Кроме того, перемены всегда связаны с дискомфортом. Это гораздо больше, чем привычный риск. Но когда ты решишься на перемены, то поймешь, что это единственный путь к счастью.

— А как же взрастить в себе смелость?

— Об этом и говорит история старого профессора. Собери себя самого — и мир встанет на место. Совершенствуй сознание, развивай тело, улучшай характер — а смелость придет сама по себе. Вместе с ней — богатство и счастье. Будешь смел — добьешься всего, чего бы ты ни пожелал. Ведь люди не достигают желанного благополучия лишь потому, что их сдерживают страхи. Уничтожь страх — и тебе не будут страшны никакие препятствия. Однако не забывай, что весь секрет — в постоянстве усилий. Десять или пятнадцать минут в день посвящай саморазвитию и относись к этим занятиям со всей возможной серьезностью.

— И все же, что означает в притче японский борец сумо в три метра ростом и весом в пятьсот килограммов? — мне не давал покоя этот странный образ.

— Этот необычный великан символизирует силу кайзен — силу постоянного самосовершенствования.

За эту ночь Джулиан поведал мне о самых могущественных тайнах бытия, о которых я и понятия не имел. Я узнал, что сознание обладает волшебной силой. Он обучил меня ритуалам и практикам, помогающим обрести спокойствие и научиться сосредоточивать силы на целях и желаниях. Я осознал, насколько важно иметь в жизни четкую цель для каждой сферы жизни. А сейчас Джулиан объяснил мне философию кайзен.

— А как лично я могу практиковать кайзен? При моем далеко не здоровом образе жизни, при моей загруженности работой?

— У мудрецов Сиваны есть десять ритуалов, практикуя которые, ты далеко продвинешься по пути самосовершенствования. Главное — выполнять их каждый день и не сомневаться в их могуществе. Уже через тридцать дней жизнь твоя преобразится. Сделай так, чтобы ритуалы стали твоей благой привычкой — и ты будешь обладателем совершенного тела, твоя энергия будет бить через край, ты наконец-то обретешь счастье и внутренний покой. И тогда твое предназначение станет неотъемлемой частью тебя, ибо так и было от самого рождения. Йог Раман наставлял меня в этих десяти ритуалах, которые он называл не иначе как «изысканными». Ты сам увидишь, какая невероятная мощь скрывается в них.

Меня вдруг одолели сомнения.

— Разве можно изменить жизнь всего за месяц? — с тревогой спросил я.

Мое недоумение не укрылось от острого глаза Джулиана.

— Можно, — утвердительным тоном произнес он. — При условии что ты найдешь в своем распорядке дня час для того, чтобы проводить эти ритуалы. Ты должен пожертвовать этим часом — и не надо говорить о том, что ты слишком занят.

— Но я действительно сильно загружен, — вздохнул я. — У меня порой не бывает и десяти свободных минут, а ты требуешь выделить целый час! Не забывай, что я востребованный адвокат, Джулиан.

— А я еще раз повторяю: говорить такое — все равно, что утверждать, будто у тебя нет времени заправиться, потому что ты должен доехать до места назначения как можно быстрее. Ведь топливо кончится рано или поздно! Тебе все равно придется это сделать.

— Неужели?

— А ты представь себя в виде гоночной машины, стоимость которой зашкаливает за миллион долларов, блестящей, стильной, с множеством хромированных деталей, оборудованной всеми возможными техническими новинками.

— Дух захватывает от этой картины, Джулиан! — Я зажмурился от удовольствия, представляя себе этот суперсовременный спорткар.

— Как ты думаешь, можно ли ежедневно эксплуатировать этот великолепный автомобиль на полную мощь, не давая двигателю отдыхать?

— Никому и в голову это не придет!

— Так ведь именно это ты и делаешь! Ты не даешь себе времени на отдых, твой двигатель никогда не остывает! Пойми: самое лучшее, что ты можешь сделать для самого себя — это выкроить время для отдыха и медитации. Сейчас тебе это может показаться странным, но когда ты это сделаешь, твоя производительность резко возрастет. Ты начнешь решать задачи наиболее эффективным и экономным способом, и у тебя появится свободное время.

— Значит, все, что нужно — найти один час в день и в течение одного месяца заниматься ритуалами?

— Да. Это и есть тот «философский камень» счастья, о котором мечтают все люди. Я бы заплатил за эту идею не один миллион, если бы кто-то предложил мне ее несколько лет назад. Многие богачи тратят целые состояния, пытаясь отыскать систему, которая бы удовлетворила их духовную жажду: ведь материальное богатство само по себе счастья не приносит. Самый богатый человек планеты может быть одновременно и самым несчастным. Я знаю это по себе. Но я никогда не думал, что подобные тайны могут быть открыты совершенно бесплатно. Теперь же я знаю, что это может быть только так, и не иначе. Только учти, Джон: однажды начав практику, ты должен неукоснительно следовать своему расписанию. Каждый день посвящай час этим занятиям — и делай это со всей силой твоей убежденности. Не рассчитывай на мгновенный эффект. Результат придет со временем.

— Что значит со временем? — спросил я.

— Один час работы над собой в течение тридцати дней, разумеется, будет способствовать изменению твоей жизни. За это время ритуалы и практики должны стать твоей благой привычкой, как привычка чистить зубы по утрам. Однако и после этого месяца ты должен продолжать выполнять их, если, конечно, ты заинтересован в постоянном самосовершенствовании.

— Думаю, ты прав, — кивнул я.

Глядя на Джулиана, я видел, что он открыл в себе источник жизненных сил и теперь наслаждается счастью и покоем. Иначе как объяснить это чудо перевоплощения из тучного пожилого адвоката, измученного болезнями и повседневными судебными битвами, в пышущего здоровьем молодого мудреца? Я твердо решил пересмотреть свое расписание и во что бы то ни стало выкроить один час в день для ритуалов, в которых Джулиан будет меня наставлять. Я был готов даже отказаться от некоторых не столь важных дел. В конце концов, я всю жизнь только тем и занимался, что пытался изменить других, но с этого момента я начну изменять самого себя. И, быть может, со мной случится то же чудо, что произошло с Джулианом Мэнтлом. В любом случае, стоит рискнуть.

Сидя на полу моей гостиной, Джулиан показал мне «Десять Ритуалов Просветленной Жизни». Среди них были практики, которые требовали от меня полного напряжения сил, но были и те, что дались мне без всякого труда. Однако все они несли в себе тайну, которую мне еще предстояло открыть.

— Первую практику йоги называли «Ритуалом Одиночества», — начал свои объяснения Джулиан. — Это значит, что ежедневно ты должен хотя бы на короткое время оставаться один.

— На какое именно время? — осведомился я.

— Пятнадцать, двадцать или даже пятьдесят минут. Это должно быть время полной тишины, ибо лишь в тишине человек может понять, кто он есть на самом деле.

— Понимаю: это время нужно, чтобы дать остыть моему «двигателю», — предположил я.

— Именно так, — благодушно улыбнулся Джулиан. — Когда-нибудь вы путешествовали на автомобиле с семьей?

— Каждое лето! Мы ездим на остров, где живут родители Дженни, — похвастался я.

— Отлично! Вы же наверняка останавливаетесь по пути для небольшого отдыха?

— Да, мы заезжаем в небольшие кафе, чтобы перекусить, или просто останавливаемся на обочине, чтобы я немного вздремнул после шести часов за рулем.

— Ритуал Одиночества и есть такая остановка. Ты должен восстановить свои душевные силы, а это возможно только в тишине и одиночестве.

— Обязательно должно быть тихо? А почему? Я просто боюсь, что при моем ритме жизни я вряд ли смогу найти тихое местечко.

— Видишь ли, когда ты находишься в тишине и покое, ты воссоединяешься с Вселенским Разумом и открываешь для себя бесконечный источник творческих сил. Ведь сознание подобно озеру. А это «озеро» у большинства современных людей постоянно находится в состоянии волнения. Если же ты просто сидишь один и слушаешь тишину, твое озеро становится гладким, как зеркало. Тишина и покой дают великую мощь. Ты почувствуешь себя удовлетворенным и полным сил. Ты станешь лучше засыпать и без труда пробуждаться. Все твои дела придут в порядок.

— Но где же я найду такое место, где мог бы побыть в тишине? — озадаченно спросил я.

— Такое место может быть где угодно, — спокойно ответил Джулиан. — Начиная от твоего рабочего кабинета и заканчивая спальней. Но это должно быть действительно тихое место, наполненное красотой. Поставь туда изящные вещицы или повесь красивую картину. Подойдет любая вещь, которая удовлетворяет твоим понятиям о красоте.

— Моим понятиям о красоте? — я удивленно поднял брови. — А при чем тут красота? Да и какие вещицы я могу туда поставить?

— Нет ничего лучше для мятущейся души, чем внешнее проявление красоты, — с отеческим вздохом объяснил Джулиан. — Возьми, к примеру, цветы. Достаточно букета свежих роз или же только одного нарцисса, чтобы твои чувства пришли в гармонию. Но самый большой подарок ты себе сделаешь, если устроишь для себя особое место, где сможешь созерцать красоту. Это будет твой собственный Храм Одиночества.

— И каким же должно быть это место? Небольшим или просторным? Как мне обустроить его?

— Таким, куда никто не будет заходить, кроме тебя. Например, пустующая комната в твоем доме. Или дальний уголок, куда никто не заглядывает. Храм твоего самовосстановления, куда разрешен вход только тебе. Квадратные метры значения не имеют. Обустроить же его нужно так, чтобы ты чувствовал себя там комфортно и спокойно. Избавься от всех раздражающих вещей. Главное — чтобы там не было телефона и других средств информации и коммуникации.

— Это великолепная идея! — восторженно воскликнул я. — Я давно мечтаю о таком безлюдном уголке, где я мог бы просто расслабиться после работы. Думаю, что если бы я так отдыхал каждый день, мой невыносимый характер стал бы куда менее невыносим.

— Чтобы Ритуал Одиночества как можно быстрее принес желанные плоды, необходимо выполнять его в одно и то же время каждый день, — продолжал наставлять меня Джулиан.

— Это действительно так важно? — спросил я задумчиво. — Мой распорядок не всегда предсказуем. Иногда меня срочно вызывают в суд...

— Очень важно, — перебил меня Джулиан. — Сделай Ритуал неотъемлемой частью своего распорядка. Тишина должна стать твоей ежедневной привычкой. Ты же помнишь о том, что благие привычки помогают нам найти свое предназначение?

— Помню, Джулиан, — согласился я. — Должен ли я делать что-то еще?

— Используй целительные силы живой природы. Гуляй каждый день по лесу или просто копайся в своем палисаднике. Это подарит тебе спокойствие, которого тебе так не хватает. Природа воссоединяет человека с его истинным «Я». Ты начнешь открывать в себе скрытые таланты и способности. Главное, не забывай об этом, — голос Джулиана дрожал от волнения.

— А как тебе самому помог этот ритуал, Джулиан? — полюбопытствовал я. — Расскажи, как ты проделываешь его, когда находишь для этого время?

— Сразу после пробуждения (а встаю я с рассветом), я отправляюсь в свой тайный Храм Одиночества, — отвечал он. — Там я наслаждаюсь ритуалом «Сердце Розы», уделяя этому столько времени, сколько захочу. Иногда я остаюсь там на протяжении нескольких часов. А иногда — не более десяти минут. Независимо от времени, результат всегда одинаков: я обретаю чувство внутренней гармонии и насыщаюсь энергией. Теперь же перейдем к другому ритуалу. Он называется «Ритуал Совершенного Тела».

— Я заинтригован... Что включает в себя этот ритуал, и что он дает?

— Это ритуал заботы о физическом теле. В его основе лежит непреложная истина, которая учит, что заботясь о теле, ты заботишься и о душе. Подготовив нужным образом тело, ты тем самым подготавливаешь и свое сознание. Не забывай, что тело — идеальный механизм, но как и любой механизм, он нуждается в работе. Каждый день ты должен заниматься физическими упражнениями. Твоя кровь застыла — разгони ее с помощью энергичных движений. Всего в неделе сто шестьдесят восемь часов.

— Так много? — изумился я.

— Да. Минимум пять их них ты должен отдать физической нагрузке. Мудрецы Сиваны считали, что ничего лучше йоги для тела нет. Они ежедневно практиковали йогу и благодаря ей обретали удивительные способности. Я каждый день наблюдал этих просветленных мудрецов, стоящих на голове посреди деревни. У меня дух захватывало от такого зрелища.

— А ты сам занимаешься йогой, Джулиан? Моя Дженни увлеклась йогой год назад и теперь утверждает, что помолодела лет на пять, и я и тоже подумывал...

Джулиан жестом остановил мою тираду.

— Видишь ли, Джон, нет такой волшебной палочки, которая магическим образом изменит всю твою жизнь. Чтобы получить устойчивый результат, нужно прилагать постоянное усилие. Нужен не один ритуал, а целая система — именно этому я тебя сейчас и учу. Йога помогает высвободить энергию, спящую внутри тела. Я практикую йоговские упражнения каждое утро и знаю, что тем самым помогаю себе. Йога не просто дарует молодость телу, она тренирует и сознание. Но для этого нужно заниматься системно. Отдельные упражнения сами по себе ничего не дадут.

— А кроме йоги мудрецы как-нибудь еще заботились о теле?

— Раман со своими братьями и сестрами ежедневно совершали длительные прогулки. Они гуляли по горам или спускались в цветущую долину. Такие прогулки прогоняют усталость и включают систему самовосстановления организма. Если же погода не позволяла гулять, сиванские мудрецы занимались физическими упражнениями в своих хижинах. Они предпочитали остаться без обеда или ужина, но ни в коем случае не пропускали время занятий.

— Что, в хижине каждого мудреца стояла беговая дорожка? — усмехнулся я.

— Нет, они просто совершенствовали асаны — особые йогические позы, — ответил он так, словно не услышал насмешки. — Я часто наблюдал, как они отжимались на одной руке. Вообще, для них было неважно, что именно они делают. Главное — они двигались и насыщали кровь кислородом.

— Разве кислород так важен?

— Да. Раман любил повторять: «Дыхание — это жизнь».

— Дыхание? — еще больше удивился я.

— Когда ты дышишь правильно, ты увеличиваешь количество жизненных сил в несколько раз, — ответил Джулиан. — Это была одна из первых вещей, которым я научился в Сиване.

— Прости, но едва человек рождается, он уже умеет дышать. Разве этому надо учиться?

— На самом деле, Джон, большинство людей понятия не имеют, что такое правильное дыхание. Если бы люди дышали правильно, они бы не мучились от болезней и стрессов. Все люди, за редким исключением, страдают поверхностным дыханием. Их легкие просто не получают достаточного количества кислорода, чтобы насытить кровь.

— Я и не знал, что все так сложно! — я схватился за голову.

— Сиванские мудрецы считали, что чем больше кислорода получает тело, тем быстрее оно восстанавливается. Кроме того, правильное дыхание позволяет увеличить запасы энергии.

— Так расскажи, с чего начинать?

— Все элементарно: два-три раза в день вспоминай о том, что ты должен дышать глубоко.

— А как узнать — глубоко я дышу или нет?

— При глубоком дыхании в процессе вдоха участвует живот. Раман советовал просто положить руку на пупок. Если она вздымается, значит, ты дышишь правильно.

— Как же мне нравится такая волшебная простота! — улыбнулся я.

— Третий ритуал еще проще! — улыбнулся он мне в ответ.

— И что это за ритуал?

— Это Ритуал Природной Пищи. Когда я был адвокатом, мое меню состояло из жареных стейков, картошки фри и прочего мусора — хотя его и готовили в дорогих ресторанах. Я даже не подозревал тогда, что такая пища — одна из главных причин всех моих недугов.

— Пища тоже важна?

— Жизненно важна! Плохое питание отравляет всю твою жизнь. Оно забирает колоссальное количество физических и душевных сил. Она делает настроение переменчивым и затуманивает разум. Как-то

Раман очень верно подметил: «Как ты кормишь свое тело — так ты кормишь и сознание».

— Это значит, что сейчас ты питаешься чем-то другим?

— Да. И знаешь, это кардинальным образом изменило мое тело. Раньше я думал, что моя преждевременная дряхлость и целый букет болячек — результат стрессов на работе. Но в Сиване я понял, что стал таким, потому что заливал в свой двигатель «грязное» топливо.

— А что же едят мудрецы Сиваны, чтобы оставаться вечно молодыми и энергичными?

— Живую пищу, — просто ответил Джулиан.

— Как-как?

— Я сказал: живую пищу. То есть ту, которая не умерла.

— Не понимаю, Джулиан. Что значит «не умерла»?

— Живая пища — это продукты, созданные самой природой. Проще говоря — вегетарианская диета. Начни питаться свежими овощами, фруктами и злаками — и старость тебя не коснется.

— Что-то с трудом в это верится...

— Каждому из мудрецов Сиваны — около ста лет, но они выглядят совсем молодыми людьми. Неделю назад мне попалась статья об обитателях японского острова Окинава. Они стали предметом исследования ученых, потому что на этом маленьком острове больше столетних людей, чем где бы то ни было. А секрет прост: вегетарианская диета.

— Но не вредно ли питаться одними овощами? Где же брать энергию, чтобы вынести груз повседневных забот?

— Вегетарианская диета дана нам самой природой. Живые продукты — настоящий кладезь энергии. Мудрецы в Сиване практикуют ее не одну тысячу лет. Такую пищу они называют саттвической, чистой. Если ты беспокоишься о том, что тебе не хватит сил, то вспомни, что самые сильные животные на земле — вегетарианцы. Сам подумай, чем питаются слоны и гориллы? А горилла раз в тридцать сильнее человека!

— Правда? Я и этого не знал.

— Пойми, что мудрецы — не бесплотные духи. Они просто следуют правилу золотой середины: «Следуй срединным путем и избегай крайностей». Любишь мясо? Пожалуйста, ешь мясо. Но все-таки это — мертвая пища, переваривается она долго и тяжело. Если совсем не можешь отказаться от него, то хотя бы не ешь красное мясо. Ведь на переваривание пищи тратится уйма энергии. Зачем такой расход? Вспомни, как ты чувствуешь себя после большого стейка. Сравни это состояние с тем, которое у тебя бывает после тарелки салата. Пусть сейчас ты не сможешь полностью переключиться на вегетарианскую диету, но по меньшей мере заставляй себя съедать за обедом хотя бы немного овощей и фруктов. Уже это намного улучшит твое физическое состояние.

— Что ж, это будет нетрудно, — согласился я. — О пользе вегетарианства многие говорят. Дженни недавно рассказывала мне о том, что в Финляндии провели специальное исследование, по результатам которого выяснилось, что тридцать восемь процентов людей, перешедших на вегетарианский образ жизни, уже через семь месяцев почувствовали себя куда более здоровыми и энергичными. Надо приучить себя к овощам и фруктам. Глядя на тебя, Джулиан, я готов перейти на один салат!

— Будешь так питаться тридцать дней и увидишь, что случится. Ты будешь просто летать, я тебе обещаю.

— Согласен. Что хорошо для мудрецов Сиваны, то хорошо и для меня. Обещаю, что так и сделаю. В конце концов, невелика премудрость. К тому же, мне надоел этот ежедневный запах жареного.

— Что ж, в пользе Ритуала Природной пищи ты убедился. Приступим к четвертому ритуалу?

— Твой смиренный ученик все еще сидит с пустой чашей, — скромно ответил я.

— Этот ритуал мы зовем «Ритуалом Океана Знаний», — с довольным видом продолжил Джулиан. — Знание велико и бесконечно, как океан. Этот океан ты будешь исследовать всю жизнь и тем самым помогать себе и людям.

— Знание — сила! — согласился я.

— Истинная сила не в самом знании, Джон, а в умении его правильно применять. Большинство людей прекрасно осведомлены о том, что предпринять в той или иной ситуации. Но мало кто тренирует свои навыки в применении знаний, а потому большинство людей никогда не реализует себя полностью. Ритуал Океана Знаний предполагает, что ты идешь в подмастерья к самой жизни. И то, чему она тебя учит, ты должен ежедневно применять на практике.

— И как этот ритуал выполняли Раман и другие Сиванские мудрецы?

— У них было множество практик, которыми они занимались ежедневно, следуя Ритуалу Океана Знаний. Одну из них ты можешь выполнить уже сейчас.

— Это недолго?

— Я уже сказал тебе: чем больше времени ты посвящаешь самому себе, тем эффективнее становится твоя жизнь, — улыбнулся Джулиан. — Не разменивай свой миллион на гроши.

— Объясни.

— Ну, представь себе программиста, который заявляет, что ему некогда сохранять данные на резервный источник, потому что его компьютер постоянно занят. Но вот компьютер сгорает — и все данные исчезают. В результате целые месяцы тяжелой работы идут насмарку. А нужно было всего-то уделить несколько минут в день, чтобы сохранить данные на резервный диск.

— То есть я должен прежде всего думать о главном?

— Разумеется. Вырвись из плена делового расписания и удели время тем вещам, которые дадут пищу твоей душе и сердцу. Когда займешься саморазвитием, то поймешь, что плывешь по морю жизни с надежным штурманом, который направляет тебя к желанной цели. Ты забудешь о времени и станешь делать только то, что тебе нужно для полноценной жизни.

— Что ж, этот пример мне понятен. И какому приему ты хочешь меня научить?

— Этот прием — чтение. Ты должен выделить полчаса в день на чтение вдохновляющих книг. Очень важно тщательно подбирать литературу, ведь книги — это удобрение для сада нашего сознания. Читай то, что улучшит твою жизнь и вдохновит тебя на правильные поступки.

— А что читали мудрецы Сиваны?

— Они часами углублялись в трактаты, написанные поколениями мудрецов. Сидя на небольших бамбуковых скамеечках, они жадно впитывали древнюю мудрость. Я любовался их лицами, на которых отражалось все то, о чем они читали. На их устах расцветали улыбки радости от встречи с просветленным знанием. Лишь в Сиване я понял, что книга — самый верный друг, который тебя никогда не покинет.

— Верно ли я понял, что могу взять любую хорошую книгу?

— Не совсем, — ответил Джулиан. — Нельзя читать запоем. Есть книги, написанные только для того, чтобы ты наслаждался чтением. Другие книги нужно тщательно пережевывать. А третьи можно проглатывать целиком. И это подводит нас к тому, что…

— Нужно перекусить! — радостно воскликнул я.

— Нет, не то, — засмеялся Джулиан. — Я использовал эту метафору для того, чтобы ты понял: черпать мудрость из книги можно только тогда, когда ты внимательно читаешь каждую строчку и пытаешься вникнуть в смысл. Уверен, что прежде чем подписать протокол, ты изучаешь каждую буковку. Поступай так же и с книгой. Она должна войти в твою плоть и кровь. Мудрецы Сиваны перечитывали древние трактаты по десять-пятнадцать раз. Они были для них столь же священны, как Слово Божие.

— Неужели чтение так много дает?

— Полчаса вдумчивого чтения в день изменят твою жизнь. В книгах ты найдешь ответы на все свои вопросы. Ты хочешь узнать, как стать лучшим адвокатом в стране? Или мечтаешь быть идеальным отцом для своих детей? А может, хочешь заново влюбиться в свою жену? Ищи книги, которые подскажут тебе, как этого добиться. Пойми, что все на земле уже было. И тысячи людей до тебя спотыкались на том же месте и набивали те же самые шишки, что и ты. Ведь не думаешь же ты, что ошибаешься ты один?

— Нет, я так не думаю, Джулиан. Я понимаю, что ты имеешь в виду. Безусловно, ты прав.

— Все что может случиться с человеком, уже произошло с кем-то до нас, — продолжал Джулиан. — Но самое ценное то, что все ответы запечатлены на книжных страницах. Читай мудрые книги — они укажут тебе выход из любой ситуации. Пользуйся многовековым опытом, и ты заметно сократишь число собственных ошибок.

— А как узнать, какая книга мудрая, а какая нет? — идея про использование многовекового опыта пришлась мне по душе.

— Тут я полностью доверяю твоему вкусу, — ответил он. — Что касается меня, то сейчас я изучаю биографии великих людей и читаю кое-какие философские труды.

— Назови мне хоть пару конкретных книг! — умоляюще улыбнулся я.

— Возьми, к примеру, биографию Бенджамина Франклина, этого величайшего сына американской нации. А «История моих экспериментов с Истиной» Махатмы Ганди откроет тебе бездну премудрости. Мне очень нравится «Сиддхартха» Германа Гессе. Много полезного лично я почерпнул из биографии Марка Аврелия, также меня впечатлили трактаты Сенеки. Неделю назад я зачитывался книгой «Думай и богатей» Наполеона Хилла.

— «Думай и богатей»? — изумленно воскликнул я. — Я считал, что после всего, что с тобой случилось, тебя это мало волнует. Честно говоря, я не верю всем этим пособиям на тему «как заработать миллион легко и быстро». Все это уловки книготорговцев, которых в первую очередь интересует собственная прибыль.

— А знаешь, я с тобой соглашусь, — спокойно ответил Джулиан. — Меня тоже коробит от подобных книжонок, полных лжи и манипуляций. Но «Думай и богатей» — книга не о деньгах, а о жизни. Ты же помнишь, что я сказал тебе в самом начале — преуспевание и гонка за успехом — совсем не одно и то же. Я ведь все это пережил и знаю, какие страдания испытывает человек, занятый накоплением материальных богатств. Книга «Думай и богатей» — не о финансовом, а о духовном благополучии. Она учит тому, как достичь гармонии и стать творцом своей жизни. Ты многое почерпнешь из нее. Однако, выбор за тобой.

— Извини, Джулиан, я как всегда беру на себя роль прокурора, — смущенно ответил я. — Это все мой характер. Вот от чего бы я хотел избавиться! Я очень благодарен тебе за то, что ты не скрываешь от меня мудрость, которую открыли для тебя сиванские мудрецы.

— Я рад быть тебе полезным, Джон. Просто читай хорошие книги. А знаешь, что самое чудесное в этом ритуале?

— И что же?

— Читая книги, ты учишься не у тех, кто эти книги написал, а у самого себя. Ведь в книгах нет ничего нового.

— Правда?

— Да. Книга как фонарь: она освещает то, что уже есть в тебе. Собственно, это и называют просветлением. После своей долгой «одиссеи» я понял, что вернулся к тому, от чего ушел. Просто сейчас я познал себя и понимаю, кем могу стать.

— Значит, Ритуал Океана Знаний заключается в том, что мне надо ежедневно читать книги по тридцать минут в день?

— На первых порах — да. Потом ты сам поймешь, что делать, — загадочно произнес Джулиан.

— Ну, а в чем секрет пятого ритуала?

— Пятый ритуал — это Ритуал Самосозерцания. Сиванским мудрецам была ведома сила этого занятия. Ты должен уделять время самопознанию — и тогда тебе откроется знание о Высшем Разуме.

— Звучит пугающе.

— И, тем не менее, это крайне важный ритуал. Среднестатистический человек не реализует и малой части своих возможностей. В каждом из нас — огромный потенциал. Познавая себя, ты открываешь свои таланты и способности. Созерцай свой внутренний мир в тишине и покое и скоро обретешь мудрость и свободу.

Я помотал головой:

— Это слишком абстрактно для меня...

— На самом деле эта идея полна логики и смысла, — остановил меня Джулиан. — Хотя поначалу я тоже считал ее несколько размытой. Проще говоря, самосозерцание — это умение мыслить.

— Но все люди мыслят, этим они и отличаются от животных, — возразил я.

— Мыслить и думать — не одно и тоже. Большинство людей не мыслит, а думает лишь о том, что нужно для того, чтобы выжить. Этот ритуал учит мыслить так, чтобы жизнь обрела гармонию. В биографии Бенджамина Франклина есть интересная деталь. Каждый вечер после дня, полного забот, он уединялся в тихой комнате и размышлял о всех событиях прошедшего дня. Как он поступал? Что говорил? В чем он был прав, а в чем ошибался? Видя все свои ошибки, он имел возможность сразу же исправить их. Так он реализовал философию кайзен, хотя, скорее всего, даже не слышал о ней. Сиванские мудрецы поступают точно так же. По вечерам они запираются в своих хижинах, и там, сидя на ковре из розовых лепестков, созерцают свой внутренний мир. Раман, например, записывал все то, что случилось с ним за день.

— И как именно он это делал? — полюбопытствовал я.

— Он записывал все свои действия с момента пробуждения, разговоры с другими мудрецами, а также мысли, пришедшие ему на ум в течение дня.

— Как же можно все это запомнить? Я не могу припомнить, о чем думал пять минут назад, а что мне пришло в голову после пробуждения, не вспомню, хоть убей.

— Главное — практика. Любой человек может стать таким же, как я или другие мудрецы Сиваны. Конечно, если избавятся от страшного вируса, имя которому — отговорки.

— Ох, подозреваю, что и во мне завелся этот страшный вирус, — ответил я со вздохом.

— Да не оправдывайся ты, просто бери и делай! — твердо сказал Джулиан.

— Да что конкретно делать-то?

— Выдели время для размышлений. Приучи себя ежедневно анализировать свои поступки. Можешь поступать, как Раман: он делил тетрадный лист на два столбика. В одном записывал свои поступки и мысли, в другом — давал оценку всему этому. Он постоянно задавался вопросом, правильно ли поступает, и в том ли направлении движется? Он изучал свои сильные стороны и развивал их, отдавая этому занятию все свои силы.

— А что он делал со слабостями?

— Ставил перед собой цель избавиться от них.

— Может, у тебя найдется пример для этого?

— Найдется — из личного опыта, — улыбнулся Джулиан.

— Как интересно! Наконец-то я узнаю, о чем на самом деле думает Джулиан Мэнтл!

— Это то, что я пытаюсь узнать о тебе, — засмеялся Джулиан, и я вместе с ним.

Мы смеялись, как мальчишки на переменке: озорно и беззаботно.

— Ладно, оставим мои мысли в покое и перейдем к твоим сегодняшним поступкам. Возьми-ка лист бумаги и запиши все, что ты сегодня сделал.

Я с воодушевлением подчинился. Я понимал, что сейчас делаю нечто очень важное. Впервые за много лет я писал не протоколы и заключения, а то, что совершил сам. Это было непривычно, но в этом была своя логика. В самом деле: как я могу улучшить собственную жизнь, не зная, что в ней не так?

— С чего же начать? — растерялся я.

— Описывай подробно, что делал утром, днем, вечером. Все, что вспомнишь. Время еще есть, так что мы успеем поработать с этим «документом». Даю тебе несколько минут. Потом мы снова вернемся к притче о саде сознания.

— Ок. В семь утра мой «электронный петух» возвестил о начале нового дня, — шутливо начал я.

— Прошу, Джон, соберись, — сказал Джулиан серьезным тоном. Но в глазах его плясали озорные огоньки, и я понял, что мой веселый настрой ему по душе.

— Хорошо. Я умылся, побрился, глотнул кофе и отправился в офис.

— А что Дженни и дети? — вспомнил он о моих домочадцах.

— Они в это время еще спят. Я зашел в офис и обнаружил там своего клиента, который перепутал время и вместо половины восьмого пришел в семь утра. Он был очень раздражен и свалил всю вину на меня.

— А ты?

— И я не остался в долгу. Я же ни в чем не виноват!

— Вот как? Ну, и что было дальше?

— Дальше было хуже. Раздался звонок — секретарь суда сообщила, что судья Монстрозуб немедленно вызывает меня к себе и если я не появлюсь через десять минут, то всем придется несладко. Ты не забыл Монстрозуба? Это же ты его так прозвал за то, что он взъелся на тебя, когда ты поставил свой «феррари» на его парковочном месте! — воспоминание вызвало у меня приступ смеха.

— Как же, как же! — расхохотался Джулиан.

— Я полетел в суд и по дороге умудрился поцапаться с коллегой. Когда я вернулся на рабочее место, мой автоответчик раскалился от срочных сообщений. Идем дальше?

— Да, конечно!

— Когда я ехал домой, позвонила Дженни и сказала, что ее мать испекла нам пирог — а это она умеет делать как никто другой. Но по дороге к теще я попал в дичайшую пробку. Как раз начался час пик, жара под сорок, я стоял и терзался тем, что теряю время в этой невыносимой духоте.

— И что ты чувствовал?

— Я сидел и орал благим матом, кляня и пробку, и тещу с ее пирогами, и все на свете. Тебе нужны конкретные выражения?

— О нет, я стараюсь не впускать подобные слова в сад моего сознания, — мягко отказался Джулиан.

— Удобрения тоже пахнут не розами, — едко заметил я.

— Спасибо, не надо, — он замахал руками. — Теперь остановись и постарайся окинуть одним взглядом весь прошедший день. Как ты думаешь, мог бы ты прожить его по-другому, если бы это было возможно?

— Естественно, да!

— А что бы ты исправил?

— Для начала — пораньше проснулся бы. Я ведь собираюсь в жуткой суматохе. Моя мечта — спокойное утро, которое плавно перетекает в спокойный день. Мне кажется, что помочь в этом может ритуал «Сердце Розы». Кроме того, я бы мечтал завтракать не на бегу в одиночестве, а со всеми своими домочадцами. Я согласен даже на овсянку, лишь бы видеть родные и любимые лица. Мне кажется, что я катастрофически мало вижу Дженни и детей.

— Но ты же сейчас мечтаешь! Так что дай волю своим мечтам, помни — мечта обладает огромной силой! Используй воображение — и скоро твоя мечта исполнится, — убежденно сказал Джулиан.

— Знаешь, я говорю это и чувствую, что все уже начинает меняться.

— Вот и прекрасно! Продолжай исправлять ошибки прошлого дня.

— Я бы не стал спорить с раздраженным клиентом и не поцапался бы с клерком в суде. Не стал бы ругать автомобильную пробку, проклинать тещу и ее пироги.

— Тем более, что пробка от этого вряд ли бы рассосалась сама собой, — заметил Джулиан.

— Это — неизбежное зло, — философски изрек я.

— Теперь ты понимаешь, как важен ритуал Самосозерцания? Анализируя прожитый день, ты видишь возможности для совершенствования. Поступай так, и завтра ты станешь лучше, чем сегодня.

— Нужно ли мне планировать свои поступки, чтобы не повторить прошлых ошибок?

— Обязательно, — кивнул Джулиан. — Ошибки — это нормально. Ты живешь, а значит, ошибаешься. Ведь на ошибках учатся. Есть замечательное изречение: «Счастлив тот, кто умеет верно мыслить. Мыслить верно учит опыт, а приобрести опыт помогают многочисленные ошибки». Тот, кто наступает на одни и те же грабли и не учится на собственных ошибках, находится на одной ступени с животными.

— Разве?

— Сам посуди: никакое животное не способно анализировать свои собственные поступки. Ни собака, ни птица, ни даже обезьяна. Только мы, люди, способны на это. В этом и есть сила ритуала Самосозерцания. Он показывает тебе, в чем ты прав, а в чем ошибаешься. Понимание собственных ошибок дает тебе возможность исправить свою жизнь.

— Надо подумать над этим, Джулиан, — протянул я.

— Сейчас подумаем о шестом ритуале. Это Ритуал Рассвета.

— Так, я догадываюсь, что это за ритуал.

— Одна из самых великолепных истин, которую я узнал в волшебной Сиване, заключается в том, что тот, кто поднимается вместе с солнцем, проживает замечательный день. Люди тратят на сон гораздо больше времени, чем того требует их организм. Шести часов более чем достаточно, чтобы восстановить силы. Долгий сон это всего лишь привычка, и, как и любую дурную привычку, ты можешь заменить ее на благую. Приучи себя меньше спать, и скоро ты поймешь, что способен выспаться за меньшее время.

— Когда я встаю слишком рано, то весь день хожу сонный, — возразил я.

— Ничего страшного. Пройдет несколько дней, и ты привыкнешь к такому режиму дня. Это лекарство горькое на вкус, но взамен ты получишь замечательное самочувствие и несколько дополнительных часов бодрствования. Знаешь, как с новой обувью: поначалу она жмет и натирает, но когда ее разносишь, становится очень удобной. К тому же, боль — прекрасный учитель. Пройди через боль — и станешь просветленным.

— Я не против того, чтобы прибавить к своему дню несколько дополнительных часов, — сказал я. — Но что значит «просыпаться с рассветом»?

— Вспомни правило золотой середины. Главное — не впадай в крайности.

— Прости, но вставать вместе с солнцем — это и есть крайность!

— Ничуть. Разве это не прекрасно — встретить новый день вместе с первыми лучами солнца? Сиванские мудрецы считают, что эти лучи несут в себе особую энергию, дарованную самим Небом. Они постоянно принимали солнечные ванны, они танцевали в рассветных лучах. Это была невероятно жизнерадостная картина! Я думаю, что это — один из секретов их потрясающего долголетия.

— И ты тоже принимаешь солнечные ванны?

— Естественно. Ведь солнце — источник молодости. Если я устал, солнце ободряет меня. Восточные религии считали солнце символом души. Люди даже поклонялись ему, как божеству, потому что были уверены в том, что солнечный свет способствует освобождению духа. Солнце — непревзойденный лекарь, главное — не злоупотреблять его назначениями. Но мы отвлеклись. Запомни просто, что надо вставать пораньше.

— Каждый день? А смогу ли я?

— А я тебе дам хороший совет. Ты пойми, что хороший сон необязательно должен быть долгим. Лучше шесть часов спать спокойно и безмятежно, чем десять часов промучиться кошмарами. Тело должно отдыхать, а для отдыха нужно ровно столько времени, сколько требуется на восстановление основных функций организма. Главное — качество, а не количество сна. К примеру, Раман утверждал, что прием пищи после восьми часов вечера отрицательно влияет на сон. Улучшает же сон — медитация. Сиванские мудрецы играли на арфе перед сном — и звуки этой божественной музыки были для них объектом медитации.

— То есть перед сном хорошо бы послушать музыку...

— Скажи, Джон, что ты делаешь непосредственно перед тем как отправиться спать?

— Смотрю телевизор, новости в основном.

Джулиан сверкнул очами.

— Так я и думал.

Я пожал плечами:

— А что такого? Все мои знакомые делают это.

— Видишь ли, друг, оказывается, что десять минут до сна и десять минут после пробуждения — самое важное время для нашего мозга. В этот период сознание программирует дальнейшую жизнь. То, что ты вносишь в эту программу, влияет на то, как ты живешь.

— Неужели разум подобен компьютеру?

— Самому совершенному компьютеру во Вселенной! Он работает строго по той программе, которую ты ему задаешь. И ты — главный программист и системный администратор. Только ты определяешь, какую программу вложить в свое сознание. Перед сном крайне вредно смотреть новости или ссориться с женой. Не нужно думать о том, что случилось за день. Просто расслабься. В этом тебе поможет чашечка травяного чая и хорошая спокойная музыка.

— Логично. Нужно приучить себя к качественному сну.

— В этом тебе поможет правило Двадцати Одного Дня. Ты же помнишь: то, что ты делаешь двадцать один день подряд, входит в привычку. Так что, начиная с завтрашнего дня, вставай пораньше и не обращай внимания на протесты тела, привыкшего валяться в постели подольше. Через три недели ты сам будешь просыпаться за несколько минут до сигнала будильника с прекрасным настроением.

— Отлично. Допустим, я приучил себя просыпаться в половине шестого утра. И чем мне заняться в это время?

— Любым делом. Только помни главное: день обязательно должен начинаться с хорошего. Гони от себя все дурные мысли, думай о чем-нибудь радостном и вдохновляющем. Особенно важны первые десять минут после пробуждения. Именно они определяют то, как пройдет весь день.

— Правда?

— Правда. Как только откроешь глаза, сразу вознеси благодарственную молитву. Вселенная дает тебе так много — поблагодари ее за это. Составь список того, что за что ты можешь сказать ей «спасибо». Включи классическую музыку, полюбуйся первыми рассветными лучами. Если есть время — прогуляйся на свежем воздухе. И обязательно найди повод посмеяться. Сиванские мудрецы считают, что утренний смех «впрыскивает» в кровь «дозу счастья».

— Смеющиеся монахи?! Это слишком даже для Гималаев!

— Отчего же? Как ты думаешь, сколько раз в день смеется четырехлетний ребенок?

— Думаю, никто не считал.

— Я считал. Ровно триста раз. А сколько раз смеется взрослый?

— Раз пятьдесят? — прикинул я.

— В лучшем случае — пятнадцать, — довольно объявил Джулиан. — А ведь смех — это лучшее целебное средство для духа. Даже если твое настроение на нуле, встань перед зеркалом и насильно заставь себя улыбаться. Вот увидишь: твои ощущения изменятся самым удивительным образом. Уильям Джеймс написал: «Не счастье рождает смех, но смех рождает счастье». Так что с самого утра настрой свой день на радостную волну. Жизнь — это игра, и игра веселая. Благодари ее за то, что она посылает, и каждый твой день будет полон чудесных даров.

— И как же ты сам начинаешь свой день?

— Я создал свою собственную систему ритуалов, и нахожу ее очень изысканной. Там есть и «Сердце Розы», и свежевыжатый сок... Могу поделиться с тобой одним своим приемом.

— Буду рад.

— Сразу после пробуждения отправляйся в свой Храм Одиночества. Прими удобную позу и подумай о том, как бы ты провел этот день, если бы знал наверняка, что вечером умрешь. Только отнесись к этому совершенно серьезно. Составь список дел, которые обязательно нужно сделать. Вспомни всех людей, с которыми ты хотел бы попрощаться. Подумай, какую радость может принести тебе этот последний день жизни. Представь, как ты делаешь последние дела, вкладывая в них всю энергию души. И еще: задай себе вопрос: как бы ты знакомился с новыми людьми, зная, что завтра тебя уже не будет? В этой практике скрыт огромный потенциал. Когда человек каждый день живет так, словно завтра умрет, его жизнь наполняется смыслом и радостью. Кстати, эта практика тесно связана с седьмым ритуалом. Это Музыкальный Ритуал.

— Одно название уже приводит меня в восторг!

— Да, он тебе понравится. Мудрецы обожали музыку. Она вдохновляла их так же, как и само Солнце. Слыша музыку, они смеялись от счастья, пели и танцевали. В музыке скрыта великая сила. Каждый день слушай музыку, хотя бы в машине, когда едешь на работу. Классическая музыка обладает свойством восстанавливать силы после утомительного дня. Это лучшее средство для обретения душевного покоя.

— Душевного покоя! — с благоговением произнес я. — Твои слова, Джулиан, подобны музыке. Когда я тебя слушаю, моя душа трепещет от восторга. Знаешь, ты действительно стал другим человеком. Куда подевался твой извечный цинизм? Раньше ты никому не верил и во всем видел только плохое. Теперь же ты примирился сам с собой. Я потрясен.

— Значит, продолжаем обучение? — голос Джулиана звенел от воодушевления.

— Конечно!

— Ритуал восьмой — это Ритуал Силы Слова. Трижды в день: утром, днем и вечером сиванские мудрецы повторяли мантры. Они считали, что повторение мантр — кратчайший путь к овладению искусством концентрации.

— Мантра? А что это? — удивился я.

— Это священная фраза, составленная таким образом, что когда произносишь ее вслух, сознание начинает меняться. В переводе с санскрита «ман» — это разум, а «тра» — свобода. Значит, мантра помогает освободить разум от негативных мыслей и беспокойства. Я на собственном опыте убедился, что мантры действительно очищают сознание.

— И ты тоже повторяешь мантры?

— Естественно! Они сопровождают меня повсюду. Я могу ехать в автобусе, сидеть в библиотеке или просто прогуливаться по аллее парка — и одновременно повторяю мантры.

— А обязательно ли произносить мантру во всеуслышание?

— Вовсе нет. Даже если ты просто запишешь мантру на клочке бумаги — она уже будет оказывать на тебя положительное воздействие. Но сильнее всего мантра действует, когда ты произносишь ее вслух. Например, если мне не хватает энергии, я твержу: *«Я полон бодрости, сил и вдохновения»*. И так — двести-триста раз. Чтобы сохранять веру в себя, я повторяю мантру: *«Я — самый сильный, рассудительный и талантливый»*. Мантры помогают мне поддерживать молодость и здоровье.

— Мантра может даровать молодость? — изумился я.

— Ты недооцениваешь силу слова. Когда мы их записываем или произносим, мы включаем у себя внутри мощнейший механизм самовосстановления.

— Это как говорить с самим собой?

— Да, именно так. Ты уже знаешь: как ты мыслишь — так и живешь. Но если ты еще и говоришь это самому себе, то слова воплощаются в реальность почти мгновенно. Если ты говоришь, что слишком стар и дряхл для исполнения мечты, то скоро ты действительно станешь старым и дряхлым. Но если ты внушаешь себе, что ты молод, здоров, полон жизненных сил и у тебя все впереди — значит, жди вторую молодость. Слова, которые ты говоришь самому себе, создают в сознании образ твоего «Я», и жизнь твоя меняется. Например, если ты думаешь о себе как о неуверенном и слабом человеке, ты никогда не выйдешь за рамки этого образа. Напротив, если ты считаешь себя бойцом, который не пасует ни перед какими трудностями, ты будешь всегда поступать как боец. Твой образ самого себя программирует твою судьбу.

— Объясни.

— Например, если ты убежден, что никогда не женишься, то так и останешься холостяком. Просто потому, что выстроил в своем сознании образ холостяка, который не позволит тебя знакомиться с девушками и искать спутницу жизни.

— Какая интересная закономерность!

— Понимаешь, образ самого себя — это некое божество, которое запрещает тебе совершать поступки, не соответствующие его заповедям. Но ты можешь изменить это «божество», и мантры помогут тебе в этом.

— А если изменится мой образ себя, то изменится и внешний мир, — понимающе произнес я.

Джулиан поднял вверх большой палец:

— Схватываешь на лету! Значит, ты готов и к девятому ритуалу. Это Ритуал Положительных Качеств. Собственно, он тоже имеет отношение к образу самого себя. Этот ритуал заключается в том, что ты ежедневно должен совершать поступки, благодаря которым будут развиваться положительные качества твоего характера. Ведь характер формируется поступками, а поступки — не что иное, как результат привычки. «Посеешь привычку — пожнешь характер, посеешь характер — пожнешь судьбу». Йог Раман часто повторял эту древнюю мудрость.

— А как же мне посеять характер? — растерянно спросил я.

— Сиванские мудрецы считали, что счастливая жизнь — это осмысленная жизнь. Каждый свой поступок они оценивали в соответствии с древними принципами гармоничной жизни.

— А что это за принципы?

— Быть настойчивым в достижении цели, сострадать всем живым существам, быть смиренным и терпеливым, сохранять самообладание и никогда не обманывать ни себя, ни других. Если твои поступки соответствуют этим принципам, то твой дух, тело и душа пребывают в гармонии, и ты начинаешь духовно расти. Жить согласно этим принципам — значит жить по законам Вселенной. Человек, который так живет, обретает прочную связь с Вселенским Разумом, Высшей Силой, Богом — как хочешь, так и назови. Именно тогда из обычного человека ты начнешь превращаться в просветленного мудреца. Ты поймешь, что твоя жизнь — это священнодействие.

— И ты прошел этот путь? — с замиранием сердца спросил я.

— Я его прошел, и ты пройдешь тоже. Главное — поступай так, как велит тебе твоя душа. Найди свою Дхарму и исполняй ее. Очищай сад своего сознания — и получишь от жизни удивительные дары. И еще: ты никогда не останешься один.

— Что это значит, Джулиан?

— Об этом поговорим потом. Сейчас запомни главное: путь к совершенству — это путь маленьких шагов, и совершать их ты должен каждый день. Чаще вспоминай слова Эмерсона: «Душа ценнее разума. Великодушный уже разумен». Когда ты поступаешь в соответствии с законами Вселенной, ты воспитываешь свой характер. Если же поступаешь иначе — счастье отвернется от тебя.

— Кажется, я понял. А каков же последний ритуал?

— О, десятый ритуал — это венец всей системы. Он называется «Ритуалом Необходимого». Чтобы выполнить этот ритуал, ты должен научиться довольствоваться малым. Наставляя меня в нем, Раман говорил: «Не разменивайся на мелочи, не имеющие никакого значения. Сосредоточься на главной цели и довольствуйся самым необходимым. Тогда ты обретешь подлинную свободу и счастье». Со временем я понял, — доверительно сказал Джулиан, — что в его словах заключалась истина. Когда я начал отсеивать ненужное и сконцентрировался на главном, моя жизнь стала на удивление свободной и гармоничной. Я забыл, что такое суматоха повседневной жизни. Я словно вышел из зоны торнадо. Моя жизнь перестала походить на гонку на выживание, и я смог позволить себе вдыхать чудесный аромат роз из притчи о саде сознания.

— Но как же ты научился довольствоваться необходимым?

— Я отказался от дорогих костюмов, прекратил читать прессу, избавился от потребности «быть в каждой бочке затычкой», стал вегетарианцем, да и вообще стал меньше есть. Проще говоря, я стал довольствоваться лишь тем, что мне необходимо для жизни. Видишь ли, Джон, если ты не научишься получать удовлетворение от малого, то ты никогда ничем не будешь удовлетворен. Твоя жизнь будет похожа на игру в рулетку, когда игроки вновь и вновь ставят на красное, надеясь, что уж в этот раз точно сорвут приличный куш. Нет большего несчастья, чем постоянно желать того, чего у тебя нет.

— Я совсем запутался: прежде ты говорил, что счастье заключается в достижении цели. Теперь ты утверждаешь, что не надо желать того, чего у тебя нет, получая удовольствие от того малого, что есть сейчас. Я вижу в этом некоторое противоречие.

— Ты делаешь потрясающие успехи, Джон! Да, с первого взгляда это действительно противоречие, но если ты вдумаешься, то поймешь, что это не так. Человек не будет счастлив, если не стремится воплотить мечту в жизнь. Лишь вечное движение вперед делает его счастливым. Но счастье — это не горшочек с золотом. Например, когда у меня уже был миллионный доход, я думал, что показатель настоящего успеха — это доход размером не менее трехсот миллионов. Такие мысли и привели меня к провалу.

— Триста миллионов? — изумился я.

— Да. Триста. Сумма неважна, главное то, что сколько бы я ни имел, мне все равно хотелось большего. Я не был счастлив. Я был просто жаден, как Мидас. Ты же слышал легенду об этом царе?

— Тот самый царь Мидас, который так любил золото, что умолил богов одарить его способностью превращать в золото все, к чему он прикоснется?

— И боги услышали его, но этот магический дар недолго радовал Мидаса, — подхватил Джулиан. — Он не мог ни есть, ни пить, ибо пища и вода, едва он прикасался к ним, моментально превращались в золото. Вот и я так же был захвачен жаждой обогащения. Я тоже, как Мидас, не мог ни есть, ни пить. А знаешь, в моей жизни был период, когда я жил только на хлебе и воде…

Он глубоко вздохнул.

— Будет тебе шутить! Ты же не вылезал из дорогих ресторанов! — воскликнул я.

— Да — поначалу. Я никогда никому не говорил, но моя невоздержанность в еде привела к тому, что у меня открылась язва желудка. Даже хот-дог был для меня непозволительной роскошью. Представь, что с моими миллионами я питался только хлебом и водой. Это была настоящая трагедия… Однако полно вспоминать прошлое, — улыбнулся он. — Как бы то ни было, я получил от жизни замечательный урок. Я же говорил тебе, что боль — великий учитель. Чтобы понять, как чудесно жить без боли, нужно пройти через нее. Если бы я не заболел, то не стал бы тем, кем стал сегодня.

— Джулиан, научи меня соблюдать Ритуал Необходимого при моем образе жизни, — попросил я.

— Начни с малого — оно приведет тебя к большим изменениям.

— С чего конкретно?

— Ну, к примеру, не отвечай на каждый телефонный звонок. Сразу выбрасывай весь рекламный мусор, приходящий тебе по почте. Откажись от ресторанной еды. И перестань тратить время на гольф. Лучше проведи его со своей семьей. Оставь дурную привычку все время поглядывать на часы и приучи себя хотя бы пару раз в неделю любоваться восходом солнца. Если хватит сил — избавься от сотового телефона и пейджера. Пока достаточно?

Мое сердце ушло в пятки как у младенца, которому вот-вот перережут пуповину.

— Более чем! Все понятно, кроме одного: как я могу избавиться от мобильника? Это же моя работа!

— Джон, я всего лишь выполняю свою Дхарму, а она велит открыть тебе знания Сиваны. Пойми: ты не обязан делать ничего такого, что поставит тебя в затруднительное положение. Возьми лишь то, что подходит лично тебе.

— Выбрать золотую середину?

— Именно.

— Джулиан, твои слова заставляют мое сердце биться от восторга. Но все же мне не очень верится, что всего за месяц я смогу стать новым человеком.

— Ты станешь им даже раньше, — загадочно произнес Джулиан.

— Так скажи мне, когда, о, великий мудрец!

— «Великим» был прежний мистер Мэнтл, — он расплылся в улыбке. — Сейчас я просто Джулиан. Видишь ли, друг мой, все самые значительные перемены происходят внезапно — потому я и говорю, что это случится гораздо раньше.

— Внезапно?

— Ну да. Судьба решается за секунды — когда человек осознает, что способен летать. Именно эти секунды делают тебя другим человеком. Уверенным в себе и преданным своей мечте. Однако не думай, что тридцать дней — это окончательный срок. Ты должен будешь следовать сиванским принципам гармонии всю оставшуюся жизнь. Если ты остановишься, то неизбежно откатишься назад.

Мы немного помолчали. Я обдумывал Десять Ритуалов Просветленной Жизни. Джулиан прервал затянувшуюся паузу:

— Сегодняшнюю ночь ты провел без сна. Но я знаю, что ты готов идти дальше. Нам нужно еще глубже погрузиться в океан древних знаний.

— Разве мы еще не достигли дна?

— То, что ты уже знаешь, коренным образом изменит твою — и не только твою — жизнь. Но древняя мудрость Сиваны гораздо глубже, чем кажется на первый взгляд. Я обучил тебя нескольким практическим методам, но все они зиждутся на глобальных духовных законах. Пока, быть может, тебе это непонятно — однако не тревожься об этом. Ты поймешь это позже, а сейчас просто держи свою чашу пустой.

— Знание дается тому, кто к нему готов?

— Ты всегда был хорошим учеником, — мягко сказал Джулиан.

— Я готов сидеть до самого утра, учитель, — сказал я.

— Итак. Знай, что ты — вместилище Вселенной со всеми ее звездами, планетами и прочими чудесами. Сила, сотворившая Вселенную, сотворила и тебя самого. Все сущее появилось из одного источника, ты и мир — единое целое.

— Что ты имеешь в виду?

— Джон, у всего, что есть во Вселенной, есть душа. Души живых существ сливаются в одну и это — Душа всего Сущего. Когда ты развиваешь собственную душу, воспитываешь характер и очищаешь сознание, ты тем самым вносишь гармонию в Душу Сущего. Когда ты меняешься к лучшему, то и люди вокруг тебя начинают улучшаться. С другой стороны, идти по пути света тебе помогает сама Вселенная, потому что ты своими усилиями питаешь ее Душу. Мироздание готово дать тебе все, что потребуется, потому что ты действуешь во благо всех живых существ.

— То есть когда я помогаю себе — я помогаю Вселенной?

— Правильно. И чем больше ты будешь заботиться о саде своего сознания, закалять тело и воспитывать дух, тем лучше ты будешь осознавать эту великую истину.

— Уже сейчас я это прекрасно осознаю, Джулиан. Однако саморазвитие — задачка не из легких. Не забывай, кто я: немолодой стокилограммовый увалень, несущий груз семейных и профессионалных забот. У меня просто может ничего не получиться.

— Ничего не получается у того, кто поддался страху — а мы с тобой уже говорили о том, что такое страх. Только страх мешает человеку достичь желанной цели. Однако страх может стать твоим другом. Ведь страх испытывает тебя и дает тебе возможность открывать в себе новые силы. Страх, как и боль, прекрасный учитель. Сиванские мудрецы часто повторяли, что на одну стрелу, попавшую в глаз быка, приходится сотня стрел, пролетевших мимо. Природа создана так, что исполнить мечту можно, лишь преодолев все свои страхи. Еще раз повторю: страх — это твой друг.

— Разве страх может быть другом?

— Смелость города берет. Главное — окончательно и бесповоротно решись изменить свою жизнь. И тогда сама Вселенная будет помогать тебе. Раман был уверен в том, что у каждого человека есть свой путь, в конце которого его ожидает ларец с сокровищами. Но пройти этот путь человек может только по доброй воле. Кстати, мне вспомнилась еще одна притча из тех, что рассказывал Раман. В стародавние времена в Индии в огромном замке на берегу океана жил злой-презлой великан. К счастью для окрестных жителей, великан часто отсутствовал, так как любил повоевать. И в это время дети из ближайших деревень могли играть в его чудесном саду, полном цветущих деревьев. Но однажды великан вернулся из похода и, увидев в своем саду играющих детей, страшно разгневался. От звука его громового голоса малышня разбежалась. Великан решил, что никогда больше ни один ребенок не войдет в этот сад, и обнес его высоченной каменной стеной. Пришла зима — и она была лютой, как никогда. В своем огромном одиноком замке великан замерзал от холода и тоски. С надеждой он ждал тех весенних деньков, когда сад начинает покрываться зеленой дымкой. Но зима словно решила навсегда поселиться в этом неуютном месте. В то время когда жители ближайших деревень уже наслаждались теплом, в саду великана царил холод и мрак. Но однажды в его окно заглянул веселый солнечный луч. Великан распахнул окно — и в его одинокую комнату ворвалось свежее дыхание весны. Он выбежал в сад в надежде увидеть, как лопаются набухшие почки... но увидел, что сад не просто покрылся зеленью — он цветет самыми яркими, роскошными и невиданными цветами. И этот сад был полон детей: ведь этот маленький народец всегда найдет лазейку в любом заборе... Детям как-то удалось перелезть через ограду, и лишь один мальчик стоял за воротами сада и плакал. Он был слишком мал, чтобы преодолеть высокую стену. В этот момент душа великана оттаяла. Он решил помочь ребенку и шагнул к стене. Дети, увидев его, бросились врассыпную. Все — кроме того малыша. Он без страха смотрел на приближающегося великана и спокойно дал ему взять себя на руки и перенести через стену. Великан заверил малыша, что отныне все дети могут спокойно играть в его саду. В благодарность за это малыш снял с шеи золотую цепочку и подарил его великану. «Пусть этот талисман будет знаком нашей дружбы», — сказал ребенок.

С этого дня дети не покидали сад великана, который очень полюбил их и часто играл вместе с ними. Лишь одно огорчало его: тот малыш, который подарил ему золотую цепочку, больше не приходил играть, и великан не знал, почему. Годы шли, дети взрослели, и в сад великана уже приходили дети их детей. Сам великан сильно постарел и будто стал ниже ростом... Он все чаще проводил дни в замке, вспоминая того чудесного ребенка. Настала зима — и она была такой же лютой, как та первая зима, когда великан обнес свой сад высокой каменной стеной. Как-то утром, проходя мимо окна, великан взглянул сквозь заледеневшее стекло и застыл от изумления. В центре его заснеженного сада зацвел розовый куст. На нем горели ярко-алые розы, а рядом стоял тот самый малыш, который отдал ему золотой талисман. Великан бросился в сад и обнял малыша.

— Почему ты так долго не приходил? — спросил он, радуясь встрече.

— Когда-то давно ты впустил меня в свой дивный сад, — ответил ребенок, улыбаясь, — а теперь я вернулся и хочу, чтобы ты был гостем в моем саду.

Днем пришли дети: ведь и зимой сад был прекрасным местом для детских забав. Они нашли великана мертвым. Он лежал в центре сада рядом с цветущим розовым кустом. На его безжизненном лице навечно застыла улыбка.

Джулиан помолчал. Глубоко вздохнув, он продолжил:

— Увидев приближающегося великана, тот малыш не испугался его, а позволил перенести себя через ограду. Поступай так и ты, друг мой. Не бойся неудач: они — верный признак того, что цель рядом. Следуй своей Дхарме, и Вселенная подарит тебе все свои сокровища. Ты обретешь свой собственный сад, полный диковинных цветов.

Голос Джулиана дрогнул. Я взглянул на него и с удивлением увидел, что в глазах его блестят слезы. Кто бы мог подумать, что этот лев юриспруденции, всю жизнь защищавший самых богатых людей мира, способен плакать!

Глава 9: Суть проповеди Джулиана в двух словах. Зерно совершенства

Философия кайзен: практика постоянного самосовершенствования.

•

Внешнее благополучие — результат огромной внутренней работы.

•

Преодолевая себя, ты открываешь в себе скрытый источник сил.

•

Делай то, что всегда боялся делать.

•

Десять Ритуалов Просветленной Жизни.

•

Окончательно и бесповоротно решись изменить свою жизнь. И тогда сама Вселенная будет помогать тебе. У каждого человека есть свой путь, в конце которого его ожидает ларец с сокровищами.

ГЛАВА ДЕСЯТАЯ

СИЛА САМОКОНТРОЛЯ

Я уверен, что сегодня мы — хозяева собственной судьбы, что стоящие перед нами задачи нам по плечу, что у нас есть силы претерпеть все грядущие испытания. Пока у нас есть вера в наше дело и несокрушимая воля к победе, судьба будет на нашей стороне.

Уинстон Черчилль

Джулиан открывал мне мудрость загадочной притчи о саде сознания, где маяк служил символом определенной цели, а японский борец сумо олицетворял философию кайзен. Однако мне еще предстояло узнать много интересного.

— Вернемся к борцу сумо, — предложил Джулиан. — Помнишь, как он был одет?

— Вообще никак, если не считать розового провода, которым были обернуты его бедра.

— Да-да, — довольно закивал Джулиан. — Итак, что же значит этот непонятный розовый провод? Он символизирует самоконтроль — качество, без которого можно забыть о счастливой и гармоничной жизни. Я нигде не видел столь удовлетворенных жизнью людей, как в Сиване. Но в то же время это были самые дисциплинированные люди из всех, кого я встречал в жизни. Именно от них я воспринял ту истину, что самоконтроль подобен толстенному проводу. Знаешь, как устроены электрические провода, Джон?

— Я специалист в другой области, — смущенно ответил я.

— Их устройство очень сложно. Провода состоят из многих проводочков, покрытых тончайшим слоем изоляции. Каждый из таких проводочков очень слаб — его порвет и ребенок. Но если взять множество проводков, свить их в единый кабель и покрыть толстой изоляцией, этот провод выдержит любую нагрузку. Самоконтроль можно уподобить такому толстому проводу. Он не состоит из цельного куска железной воли, данной человеку от рождения. Он достигается сплетением многих мелких «проводочков» — небольших ежедневных поступков, направленных на воспитание воли. Главное — каждый день совершать шаги, которые будут тренировать твой характер. В результате ты обретешь силу огромной мощи. Этот закон как нельзя лучше выражен в старой африканской поговорке: «Если из нитей паутины сплести канат, им можно связать льва». Запомни: истинное могущество достигается постоянным упражнением. Закаляя свою волю ежедневными упражнениями, ты станешь силен настолько, что самые сложные проблемы и задачи ты будешь решать мимоходом. Для тебя перестанут существовать цейтноты и кризисы. Самоконтроль — твой верный указатель на жизненном пути. Тебе не придется больше бояться крутых поворотов. Кстати, известно ли тебе что отсутствие самоконтроля — это патология психики? Люди, которые не умеют контролировать свои мысли, эмоции и порывы, больны, и им требуется лечение.

При этих словах мое лицо вытянулось от удивления.

— Да, да, не удивляйся, — сказал Джулиан. — И если ты не можешь контролировать себя, значит, ты болен. Тебе нужно срочно лечиться. Сила воли и самодисциплина — залог полноценной жизни, полной радости и смысла. Безвольный человек никогда не осуществит свою мечту, потому что только сила воли заставит тебя вставать в пять утра, чтобы выйти на улицу и насладиться рассветом. Это очень сложно: ведь теплая постель обладает настоящей магией, особенно зимой, когда на улице темно и холодно. Сила воли удержит тебя от ссоры, когда невежи оскорбляют тебя или делают то, что противно твоей душе. Сила воли поможет тебе преодолеть все препятствия, какими бы сложными и опасными они ни казались. И именно сила воли даст тебе энергию для того, чтобы выполнять все обещанное вне зависимости от того, кому ты их давал: людям или же самому себе.

— Неужели сила воли играет в моей жизни такую важную роль?

— Огромную роль, дружище. Это самое главное качество любого сильного человека.

Джулиан извлек из складок своих струящихся шелков изысканный серебряный медальон, подобный тем, что я видел на выставке египетских древностей.

— Не слишком ли дорогая штучка для монаха? — поддел я его.

— Мне подарили это старейшины сиванской общины, когда прощались со мной. Они устроили для меня настоящий праздник. Мудрецы провожали меня как любимого сына — и ночь прощания была для нас всех одновременно и грустной, и радостной. Я не хотел уходить из рая Сиваны. Ведь это был оазис просветления, там я обрел самого себя. Члены общины стали для меня близкими братьями и сестрами. Признаюсь честно: там навсегда осталась лучшая часть меня.

Джулиан говорил это тихим голосом, почти шепотом.

— Что начертано на медальоне? Какие-то письмена?

— Да. Сейчас я переведу их — и прошу тебя запечатлеть их на медальоне своего сердца. Они поддерживают меня во всех испытаниях, и я надеюсь, что и ты сможешь черпать силу из этого древнего изречения.

«Самоконтроль — это железо, из которого куется сталь характера. На крыльях воли ты воспаришь под небеса, где наполнишься благодатью счастливой жизни. Тот, кто утратил волю, подобен каравану, оставшемуся в пустыне без проводника, подобен кораблю без капитана: его ждет неизбежная гибель», — отчеканил Джулиан.

— Я частенько жалею, что мне не хватает силы воли, — сокрушенно произнес я. — Но я никогда не думал, что дисциплина так важна в моей жизни. Но ведь ты утверждаешь, что волю можно «накачать» — так же, как мой сын качает мускулы в спортзале?

— Прекрасно сказано, Джон. Да, силу воли можно «накачать», как бицепсы. Причем совершенно неважно в каком она состоянии, ты можешь очень быстро взять ее в «ежовые рукавицы». Жизнь Махатмы Ганди доказывает это. Люди считают, что он уже родился святым и с самого детства был способен обходиться без пищи и преодолевать боль. Но ты почитай его биографию, и узнаешь, что и Ганди когда-то страдал отсутствием воли.

— Хочешь сказать, он, так же, как и я, млел от одного запаха сладких булочек?

— Нет, он был невоздержан в другом. В молодости он, так же, как и мы, был юристом и работал в Южной Африке. Он часто разражался взрывами немотивированного гнева, от чего страдал и он сам, и окружающие его люди. Лишь спустя много лет он занялся самовоспитанием, стал практиковать медитацию и длительные посты.

— Значит, и я, так же, как Махатма Ганди, могу воспитать в себе силу воли?

— Не так же, а по-своему. Раман учил меня, что каждый человек — индивидуален. Просветленный человек не стремится быть похожим на кого-то, а ищет собственный путь. Они радуются не тогда, когда им удается превзойти кого-то другого, а тогда, когда они поднимаются над собственными страстями и слабостями. Единственное благородное соперничество — это соперничество с самим собой, — убежденно сказал Джулиан. — Будешь контролировать себя — получишь силу для исполнения всех своих желаний. Например, ты сможешь бегать, как марафонец, или сплавляться на байдарке по бурным рекам. А может быть, в один прекрасный день ты бросишь работу и станешь художником. Я не знаю, в чем состоит твоя Дхарма, но ты найдешь ее, когда воспитаешь силу воли.

Задумавшись, он опустил взгляд, а затем добавил:

— Лишь самоконтроль может даровать человеку истинную свободу.

— Разве люди уже не свободны?

— Да, большинство людей считают себя свободными. Они действительно могут поехать, куда захотят, и делать все, что угодно. Однако это не свобода, а плен. Плен сиюминутных желаний и страстей. Эти люди не свободны: они действуют так, как велят им их инстинкты. Их можно уподобить морским волнам, которые бегут туда, куда направляет их сила океана. К примеру, ты ужинаешь с семьей, вдруг звонит начальник и требует тебя немедленно к себе. Большинство людей в подобной ситуации бросят тихий семейный ужин и понесутся в ночь неведомо зачем. Лишь единицы дадут себе труд сохранить в этой ситуации здравомыслие и подумать на тем, что для них важнее: семья или работа. Люди свободны в своих поступках, но несвободны в выборе. За кучей мелочей они не умеют увидеть главное.

Я понимал, о чем говорит Джулиан. Моя жизнь была сытой и благополучной. У меня прекрасный дом, любящая семья, адвокатская практика приносит мне неплохой доход. И все же я не считал себя свободным человеком. Я помню, как испугался, когда Джулиан предложил мне выбросить сотовый телефон. Мне словно предложили отрезать правую руку. Я все время решал дела на бегу. Я уже не помню, когда мы с Дженни просто сидели и разговаривали по душам. Выделить час в день для самого себя казалось мне столь же нереальным, как выиграть Бостонский забег. Эти мысли привели меня к грустному открытию: я никогда не дышал воздухом свободы. Джулиан прав: я, так же, как и большинство людей, всего лишь раб своих инстинктов. Я всю жизнь делал то, что мне велели делать.

— Но как самоконтроль сможет сделать меня свободным?

— Свобода — это дворец, который зиждется на фундаменте воли. Только обладая сильной волей, человек станет поступать так, как считает нужным. Ты будешь творцом собственной жизни и перестанешь подчиняться обстоятельствам. К тому же, сила воли избавит тебя от беспокойства и укрепит здоровье. Ведь что такое самоконтроль? Это просто контроль над мыслями — то, с чего мы начинали наш разговор. Сила воли — царь в голове. Научишься управлять собственным сознанием — и будешь управлять самой судьбой. Учись отслеживать каждую мысль, которая посещает твою голову. Когда ты научишься отфильтровывать негативные мысли и сосредоточишься только на светлых идеях, ты начнешь действовать на благо себе и другим. Благополучие наступит само собой. К примеру, ты решил, что будешь бегать по утрам — но для этого тебе нужно вставать не позже шести часов. Как ты справишься с этим зимой, когда светает поздно, а покидать теплую постель ужасно не хочется? Инстинкт велит тебе выключить будильник и поспать еще часик-другой. На ум приходит соблазнительная мысль, что сегодня ты позволишь себе расслабиться, но уж завтра непременно начнешь новую жизнь. Но и завтра, и послезавтра все повторяется, и, в конце концов, ты понимаешь, что уже слишком стар для утренних пробежек.

— Ты словно подглядывал за мной, — смущенно заметил я. — Ведь это уже со мной случалось.

— А теперь представь другую картину. Звенит будильник (а мы помним, что на дворе — зима). Но ты изгоняешь из сада своего сознания все соблазны — ты попросту вытесняешь их другими, положительными мыслями. Ты выстраиваешь в сознании желаемый образ себя. Ты видишь себя стройным, сильным, подтянутым. Все твои коллеги в восторге от твоей физической формы. Ты полон энергии и без труда решаешь даже самые сложные задачи. Тебе не придется ночами пялиться в телевизор оттого, что тебя мучает бессонница — неизбежная спутница переутомления. Ты прекрасно высыпаешься, и для сна тебе достаточно пяти-шести часов.

— А что делать, если все эти прекрасные мысли не помогут и мне все равно захочется остаться в постели?

— Первую неделю именно так и будет. Но ты должен преодолевать себя. Раман был убежден, что положительный образ себя всегда побеждает, если ты будешь вновь и вновь вызывать его в своем сознании. Жизнь — это борьба, и ты должен бороться со своими дурными привычками. Очищай сад своего сознания, и, в конце концов, у мыслей-сорняков не останется шансов.

— Да-да, ты говорил, что мысли — это живые сущности.

— Вот именно. И только ты управляешь этими сущностями. На самом деле думать о хорошем так же легко, как и о плохом.

— Но почему же тогда огромное количество людей страдает от беспокойства и стрессов?

— У них один диагноз: отсутствие самоконтроля. Большинство людей, с которыми мне приходилось общаться, понятия не имеют о том, что могут контролировать каждую из своих мыслей. Они думают, что мысли текут сами по себе — но при этом не понимают, что мысли управляют всеми их поступками. Так что сосредоточься на позитивных мыслях: они — лучшие охранники твоего сада.

— Значит, если я хочу воспитать силу воли для того, чтобы вставать в шесть утра, соблюдать диету, читать книги, сохранять спокойствие и давать больше любви семье, мне нужно всего лишь научиться контролировать мысли?

— Именно так. Ведь когда ты контролируешь мысли, ты овладеваешь своим сознанием. А овладев сознанием, ты управляешь судьбой. Тот, кто хозяин своим мыслям — тот и хозяин своей судьбы.

Это были именно те слова, в которых я больше всего нуждался. За эту ночь я преодолел долгий путь от циничного дельца, с сомнением выслушивающего то, что рассказывает удивительный странник, до пылкого неофита, чье сердце наконец-то открылось истине. Я жалел лишь о том, что Дженни спит и не знает обо всем этом. Я был бы даже рад разбудить детей, чтобы они послушали Джулиана. Я был убежден в том, что огонь древней мудрости зажег бы и в них искру интереса. Ведь я мечтал стать идеальным отцом и мужем, но работа поглощала все мое время. Безусловно, это было результатом того, что я не умел контролировать мысли. А ведь жизнь так коротка! Только вчера я был вдохновленным студентом, мечтающим достичь высот мастерства, чтобы трудиться на благо нации. Я видел себя то выдающимся политическим деятелем, то членом Верховного Суда. Но появилась практика и стабильный доход, и я забыл о мечтах своей юности. Еще тогда, когда Джулиан был заносчивой звездой адвокатуры, он говорил: «Если ты останавливаешься, значит, ты умираешь». Но к счастью, сейчас я понимал, что мечта не покинула меня. Нет, я не мечтал о более шикарном доме или более дорогой машине. Я мечтал обрести смысл и найти свою Дхарму.

Я так глубоко погрузился в эти размышления, что почти не слышал слов Джулиана. Я представлял, каким буду в пятьдесят, шестьдесят лет. Интересно, останусь ли я адвокатом? Придется ли мне до самой старости разбирать чужие дела и решать чужие проблемы? От одной мысли об этом мне стало не по себе. Ведь я хотел творить, а вместо этого копаюсь в рутине. Эта жаркая июльская ночь, когда мы с Джулианом сидели на полу моей гостиной и пили чай, изменила меня полностью. У японцев есть понятие «Сатори» — пробуждение. Этой ночью я пробудился от долгого сна. Я принял решение найти свою Дхарму и исполнить ее. Эта мысль овладела мной, и в ту же секунду я почувствовал вкус истинной свободы, когда с души спадают путы и она расправляет крылья.

— Есть простой рецепт для развития силы воли, — откуда-то издалека донесся голос Джулиана. — Когда едешь на работу, произноси про себя несколько священных слов.

— Мантру? — спросил я, очнувшись от мечтаний.

— Да, мантру. Самую древнюю из всех, что я знаю. Ей более пяти тысяч лет, и она известна только монахам Сиваны. Раман обещал мне, что тот, кто повторяет ее, обязательно достигнет совершенного самоконтроля. Ты же помнишь, что слова обладают огромной силой воздействия на сознание? Если ты наполняешь свое сознание созидательными словами, ты выстраиваешь свою жизнь в соответствии со своими желаниями и мечтами.

— Я готов запоминать.

— Вот эта мантра: *«Я — высшее существо, внутри меня скрыта Вселенная»*. Повторяй эти слова не менее тридцати раз в день, и ты увидишь, к каким потрясающим изменениям они приведут тебя. Чтобы эффект наступил быстрее, проводи такую практику. Запрись в своем Храме Одиночества, прими удобную позу и закрой глаза. Вполголоса произнеси эту мантру, вслушиваясь в каждое слово. Ты должен ощущать себя волевым, сильным человеком, которому подчиняются ум, душа и тело. Представь себе, что ты так же велик и силен духом, как Махатма Ганди и мать Тереза.

— И это все? — я не мог поверить в то, что так просто можно стать обладателем сильной воли.

— Этой восточной практике несколько тысяч лет. Сегодня она так же действенна, как и тогда, когда ее только что открыли. Что говорить? О дереве судят по плодам. Есть и другие практики, помогающие укрепить силу воли и обрести самоконтроль. Правда, неподготовленному человеку они покажутся несколько странными.

— Не сомневайся, мне не покажутся! Продолжай! — умоляюще произнес я.

— Ну что ж... Начни с того, что ты не любишь, просто ненавидишь делать. Например, сам заправляй свою постель. Или отправься на работу пешком, а не на машине. Постоянно используй свою волю для преодоления чувства неприятия, преврати это в благую привычку.

— То, чем не пользуются, быстро ржавеет?

— Схватываешь на лету! Нельзя укрепить силу воли, если она бездействует. Есть еще одна практика — ее очень любил Раман. Это безмолвие. Раман мог молчать целыми днями. Он говорил что-то лишь тогда, когда к нему обращались с вопросом.

— Обет молчания?

— Вроде того. Эта практика пришла с Тибета. Тибетские монахи были убеждены, что самоконтроль начинается с длительного молчания.

— Не понимаю, как это связано между собой.

— Видишь ли, Джон, когда ты приказываешь устам молчать, ты заставляешь свою волю подчиняться себе. Несколько раз в день ты хочешь что-то сказать, но тут же пресекаешь это желание, подобно тому, как всадник натягивает вожжи, останавливая лошадь. Воля подчиняется разуму. Она делает то, что он ей велит. Чем больше ты ее укрощаешь, тем сильнее она становится. Просто большинство людей об этом не знают.

— Интересно, почему?

— Видимо, они считают, что сила воли — это врожденное свойство характера. Они во всем винят матушку-природу за то, что она не наделила их столь ценным качеством. Так, гневливый человек оправдывает свою слабость плохими генами, утверждая, что его отец тоже был вспыльчив. Лентяи говорят, что весь день чувствуют себя разбитыми, если не проспят до полудня. Беспокойные сваливают всю вину на загруженность. Люди не умеют отвечать за свои слова, поступки и мысли. Если бы они только знали, какие невероятные магические способности таятся в каждом из них! Нужен только импульс, который заставит эти способности пробудиться. Создавая тебя, Вселенная заложила в тебя способность стать тем, кем пожелаешь. Любой человек может превзойти себя и достичь больших высот. Главное — овладеть собственной волей, а в этом поможет разум.

— Потрясающе!

— Самое замечательно то, что все эти методы очень практичны. Представь, какие удивительные вещи ты мог бы совершать, если бы воспитал силу воли. Ты бы научился эффективно распределять время, избавился бы от тревоги и стал для своей Дженни образцовым мужем. Дай своей воле работу, и к тебе вернется радость жизни, о которой ты забыл.

— Значит, я должен каждый день тренировать свою волю?

— И не поддаваться обстоятельствам! Иди против ветра, преодолевай дурные привычки, отбивайся от соблазнительных помыслов. Представь себя космическим кораблем, который с трудом отрывается от земли, преодолевая силу гравитации. Постоянно побуждай себя — и увидишь, что случится всего через пару недель.

— А мантра мне поможет в этом?

— Безусловно. Повторяй мантру, создавай положительный образ себя — и скоро ты станешь сильным, собранным, волевым человеком, который неуклонно движется к своей мечте. Помни, что мир не изменится за день. Начинай с малого. Путь в тысячу ли начинается с первого шага! Никто не рождается ни великим, ни святым. Просто вставай каждый день пораньше, преврати это в благую привычку — и получишь силу и вдохновение. Ты обретешь веру в себя.

— Ранний подъем поможет мне поверить в себя? — спросил я скептически.

— Даже не сомневайся! Ведь победа в войне — это результат небольших выигранных битв. Чтобы достичь величия, надо начинать с маленьких шагов. Небольшой шажок — ранний подъем — даст тебе ощущение самоконтроля. Достигнутая цель вдохновит на еще большие достижения. Если ты будешь постоянно поднимать свою планку, это войдет в привычку. И скоро самосовершенствование станет неотъемлемой частью твоей повседневной жизни. Это будет так же естественно, как дышать. Ты катался когда-нибудь на лыжах?

Этот вопрос показался мне неожиданным.

— Да, бывает мы с семьей выбираемся в горы. К сожалению, довольно редко.

— Значит, тебе знакомо ощущение, когда ты катишься с горы вниз. Сначала скорость твоя невелика, но чем дальше, тем скорость нарастает больше, и вот уже ты не катишься, а летишь как ракета.

— Потрясающее ощущение! — с удовольствием вспомнил я.

— А за счет чего ты развиваешь такую скорость?

— За счет обтекаемости тела? — сострил я.

— Не совсем. Вообще-то я рассчитывал, что ты вспомнишь о том, с чего начал движение. Когда ты постоянно тренируешь волю, ты тоже сначала делаешь первое движение — первый шаг. Просто надо начинать с малых скоростей. Вставай на несколько минут раньше или выходи перед сном подышать свежим воздухом, или же просто выключай телевизор, когда закончится интересная передача. Все это небольшие шажки, однако именно с них начинается то движение, которое само понесет тебя к победе. Скоро ты начнешь совершать поступки, о которых и подумать не мог. У тебя появится такая сила, что ты будешь ощущать себя настоящим волшебником. Так что розовый провод, скрывающий бедра борца сумо — это яркое напоминание о важности самоконтроля.

Джулиан умолк. Гостиная озарилась лучами солнца. Начинался первый день моей новой жизни.

Глава 10: Суть проповеди Джулиана в двух словах. Важность самоконтроля

Розовый провод на бедрах борца сумо
как символ самоконтроля.

•

Каждый день совершай шаги, которые будут
тренировать твой характер —
и обретешь силу огромной мощи.

•

Самоконтроль — это железо,
из которого куется сталь характера.

•

Мантры и положительный образ себя.

•

Изгоняй из сада своего сознания все соблазны,
заменяя их позитивными мыслями.

•

Начинай с малого: победа в войне — это результат
небольших выигранных битв.

ГЛАВА ОДИННАДЦАТАЯ

САМЫЙ ЦЕННЫЙ ДАР СУДЬБЫ

Эффективное использование времени —
признак эффективного разума.

Сэр Исаак Питмен

— Жизнь — любопытная штука, — заметил Джулиан. — А знаешь, почему?

— И почему же?

— Когда человек понимает, кто он такой и что ему на самом деле нужно, он, как правило, уже слишком стар и слаб для достижения желанной цели. Французский писатель Анри Этьен подметил очень верно: «Ах, если б нам, как юным, мочь! Ах, если б им, как старым, знать...»[1]

— Полагаю, речь пойдет о том, что символизирует секундомер из притчи Рамана.

[1] В переложении Р. Гамзатова.

— Молодец! Итак, борец сумо находит в траве золотой секундомер, роняет его, тот с треском падает на землю, и от этого звука...

— Борец падает в обморок, — закончил я.

Теперь я уже знал, что каждый необычный образ в притче Рамана был своего рода якорем для сознания. Так было легче запомнить азы древних истин, лежащих в основе сиванской мудрости. Я поделился этой догадкой с Джулианом.

— Ты хороший адвокат, Джон. У тебя превосходное чутье. Да, необычность этих образов тоже смущала меня поначалу, и я никак не мог понять, зачем там все так намешано: и сад, и маяк, и борец... Наверняка и ты ломал себе голову, для чего я тебе все это рассказываю? Но все образы этой притчи — яркие символы, которые никогда не изгладятся из твоей памяти. Благодаря им ты навсегда запомнишь мудрость, которую я принес с Гималаев. Символ сада напомнит о том, что нужно очищать сад своего сознания, маяк — о важности цели в жизни, борец сумо — о необходимости самосовершенствования, розовый провод — о силе самоконтроля. Я каждый день вспоминаю эту притчу и размышляю над каждым из символов.

— Так объясни же мне скорее, что означает золотой секундомер!

— Это символ величайшего дара судьбы. Золотой секундомер — это время нашей жизни.

— Разве очищение мыслей, определение цели и самосовершенствование не являются великими дарами?

— Да, это тоже великие дары. Но они — прах, если у тебя нет времени. Спустя полгода после того как я повстречал в горах Рамана, ко мне в хижину вошла одна из сестер. Она назвалась Дивией. Я никогда не встречал столь прекрасных женщин. Ее длинные черные волосы спускались до тончайшей талии. Это была самая молодая из сестер. Она с любовью приветствовала меня и сказала, что ее прислал Раман.

— Ты прошел через серьезную боль, — произнесла она ласковым певучим голосом. — Эта боль привела тебя к нам и позволила принять нашу мудрость всем сердцем. Мне оказана честь вручить тебе подарок, который мы все приготовили тебе в знак нашего почтения и благодарности. Ты уважаешь наши традиции и стараешься постичь древнюю мудрость Сиваны. Никогда и никому мы не давали того, что даруем тебе.

— Так что же она тебе преподнесла? — я сгорал от любопытства.

— Дивия извлекла из глубин своей полотняной сумки небольшой предмет, завернутый в ароматную бумагу. Развернув его, я увидел то, что меньше всего ожидал увидеть. Это были миниатюрные песочные часы, укрепленные на подставке из сандалового дерева. Видимо, в этот момент у меня вытянулось лицо, потому что Дивия сразу же рассказала мне о том, что такие часы были подарены каждому из великих мудрецов еще в детстве. «Мы не копим сокровищ и довольствуемся малым, но эти часы храним как зеницу ока, — рассказала она. — Ведь они напоминают нам о том, что человек смертен, а потому у него нет ни секунды, которую он мог бы потратить впустую. Мы должны использовать свое время эффективно, чтобы наша жизнь наполнилась смыслом».

— А я был уверен, что для монахов время неважно!

— Каждый из них воспринимал время как величайшую ценность. Они обладали чудесным талантом, который я называл «чувством времени». В Сиване я осознал, что время действительно течет как песок в часах. Если человек уже с юности понимает, что время нужно тратить разумно, его жизнь будет наполнена радостью созидания. Он будет по-настоящему счастлив. Но тот, кто не понимает, что время — это сама жизнь, никогда не раскроет свои истинные таланты. Время подобно строгому и беспристрастному судье. Ему все равно, кто ты и где родился, в Техасе или в Токио. Все получают поровну. У каждого из живущих есть лишь двадцать четыре часа в сутках — и мы отличаемся друг от друга только тем, как используем эти двадцать четыре часа.

— Знаешь, я вдруг вспомнил, как мой отец говорил, что самые занятые люди одновременно и самые свободные. Я никак не мог взять в толк, что он имеет в виду.

— Твой отец был мудрым человеком. Действительно, тот, кто занят подлинным творчеством, мастерски умеет распоряжаться своим временем. Иначе ничего не выйдет. Только не думай, что эффективное использование времени сделает тебя рабом твоей профессии. Напротив: научившись планировать, ты сможешь больше времени уделять тем вещам, которые тебе нравятся. Управлять временем — значит управлять своей судьбой. Поэтому береги каждую секунду твоей жизни. Время не возвращается. Чтобы ты лучше понял меня, я приведу тебе пример. Представь себе начало рабочей недели. На понедельник у тебя назначены несколько важных встреч и слушания в суде. Как ты поступаешь обычно? Встаешь в полседьмого, глотаешь кофе на ходу и спешишь в офис, где до самого вечера сходишь с ума от телефонных звонков, неотложных дел и внезапно свалившихся проблем. Но если накануне вечером ты посвятишь пятнадцать минут тому, чтобы набросать план грядущего дня, или даже найдешь целый час для этого занятия — все будет иначе. Ты заранее определишь, сколько времени ты можешь потратить на каждого клиента, сколько тебе потребуется на переговоры, сколько минут в день ты можешь разговаривать по телефону. Ты не забудешь и о том, что должен постоянно самосовершенствоваться, и внесешь в свой план несколько ритуалов и духовных практик. Не правда ли, все очень просто? Но в этой простоте — ключ к счастливой жизни. Отдав каждому из предстоящих дел ровно столько времени, сколько оно требует, ты почувствуешь себя хозяином собственной жизни. Ты станешь спокойным, уравновешенным человеком, перестанешь суетиться и обретешь внутреннюю гармонию.

— Я надеюсь, ты не хочешь, чтобы я в самый разгар работы отправился в парк помедитировать?

— Именно это я и хотел тебе предложить. Скажи мне, Джон, что мешает тебе сделать это? Разве ты должен бегать по тому же кругу, что и все прочие? Помни: твоя жизнь — твои правила. Неужели так трудно начинать свой день на час раньше, чтобы иметь время дойти до работы пешком? Ведь дорога в твой офис проходит через чудесный парк! Можно поработать подольше в первые дни недели, зато в пятницу уйти пораньше и сводить детей в зоопарк. Ты адвокат, и можешь позволить себе брать работу на дом пару дней в неделю. Это даст тебе возможность как следует пообщаться со своей семьей. У тебя должен быть четкий план не только на предстоящую неделю, но и на всю твою жизнь! Планируй время, исходя из того, что для тебя наиболее важно. Никогда не приноси главное в жертву второстепенному. Помни, что неэффективное планирование — прямой путь к провалу. Назначая другим встречи, не забудь назначить встречу с самим собой. Ты должен отвести время на чтение, медитацию и отдых. Тогда твое время станет намного продуктивнее. Не жалей времени для самосовершенствования. Это даст тебе возможность делать все остальные дела быстро и качественно. Вырастая внутренне, ты обретаешь цельность и перестаешь разрываться между делами. Как ты помнишь, внешнее зависит от внутреннего. То, как ты ведешь себя на работе, влияет на то, как ты ведешь себя со своей семьей.

— Джулиан, каждое твое слово — истинно. Но пойми, что мой график забит до предела. Очень редко мне удается закончить все дела до конца рабочего дня. Обычно я ухожу, когда все остальные уже давно разошлись.

Я вдруг вспомнил о том, что впереди — рабочий день, а у меня куча дел, неразобранных с вечера.

— Интересно, чем же таким важным ты занят? — едко спросил Джулиан. — Знаешь ли ты, что на 80% полезной деятельности люди тратят всего 20% времени?

— Нет, не знал.

— Мне самому это открылось только в Сиване. Раман называл это «Двадцатипроцентной истиной».

— Звучит устрашающе.

— Ок. Давай снова представим начало твоей недели. Какие дела у тебя назначены на понедельник? Телефонные переговоры? Прием клиентов? Изучение материалов следствия? А также колыбельная на ночь сыну и шахматная партия с женой. Я ничего не забыл?

— Нет, все именно так.

— Так вот из всего множества этих дел продуктивны только 20%. Представь себе: чтобы получить результат, тебе необходимо выполнять лишь 20% дел!

Я с недоверием посмотрел на него.

— Сам подумай, Джон: как повлияют на твою жизнь, скажем, через десять лет, твои короткие перерывы на кофе или просмотр телевизора?

— Думаю, что никак не повлияют.

— Вот именно! Но ведь есть дела, от которых действительно многое зависит!

— Кажется, я понимаю: к таким делам относится самообразование, общение с клиентами и повышение моей квалификации юриста?

— Кроме того, еще и время, которое ты посвящаешь Дженни и детям. А еще — время твоих прогулок на природе, время благодарственной молитвы. Словом, время самосовершенствования. И это — лишь немногие примеры эффективного использования времени. Если ты приведешь в действие «Двадцатипроцентный ритуал», то действительно станешь свободным человеком и получишь все, чего бы ты ни пожелал. Просто используй время для того, что действительно приносит пользу. Просветленные люди отдают свое время лишь важным делам.

— Раман научил тебя этому?

— Раман был великим наставником, и я всю жизнь буду благодарен ему. Однако я учился и сам — прежде всего, у своего прошлого. Теперь я знаю, что оно не было ошибочным: я проходил уроки, которые и позволили мне стать тем, кем я стал сейчас. Я надеюсь, — торжественно произнес он, — что и ты сумеешь извлечь уроки из моих неудач. Ведь чтобы обрести мудрость, совсем не обязательно набивать собственные шишки. Мудрецы учатся на чужом опыте — и тем самым избегают страданий и горя.

Я глубоко задумался. Я посещал семинары и тренинги, направленные на повышение юридической квалификации. Однако про это правило двадцати процентов слышал впервые. Лишь теперь я понял, что жизнь, оказывается, можно планировать. Главное — найти время спокойно подумать, как лучше всего распределить свои дела. Это очень простой рецепт, но его можно уподобить волшебной палочке, которая одним взмахом упорядочивает все сферы жизни, приводя их в гармонию.

— Словом, жизнь похожа на кусок свиной вырезки: нужно отделять сало от мяса и тратить время лишь на то, что приносит пользу.

— Ты всегда быстро соображал, Джон, — произнес он с явным удовольствием. — Хотя мне как строгому вегетарианцу не слишком приятно думать о вырезке, не могу не признать, что ты выбрал очень удачную метафору. Мясо — это продуктивное время, сало — то время, которое ты тратишь попусту. Твоя цель — получить как можно больше «мясного времени», и если тебе это удастся, ты забудешь о том, что такое мирская суета и станешь воистину духовным существом. Не обстоятельства будут толкать тебя на какие-то действия, а ты станешь творцом нужных обстоятельств, — веско сказал Джулиан. — Из всего этого мы делаем такой вывод: не давай ворам времени ограбить тебя. Есть род людей, которые звонят именно в тот момент, когда ты только отправил детей спать, а сам собрался почитать хорошую книгу или сел в позу для медитации. Эти люди позволяют себе без стука вламываться в твой кабинет, едва ты закрыл глаза, чтобы поразмышлять о жизни. Есть ли у тебя такие знакомые?

— О да, Джулиан, порой не знаешь, куда от них деться, — горестно вздохнул я. — Мне всегда было неловко отказывать незваному посетителю или не отвечать на звонок в неурочный час.

— Не существует слова «неловко». Ты должен быть бдительным охранником своего времени. Все эти люди никак не влияют на твою судьбу. Учись произносить слово «нет». Будь смелее и не бойся отказываться от того, что для тебя не имеет значения. Запирай дверь своего кабинета, когда ты работаешь над делом или занят медитацией. Выключай звук у телефона, если знаешь, что в ближайшее время тебя нельзя беспокоить. Помни: твой телефон должен обслуживать твои нужды, а не нужды других. И не волнуйся о том, что в глазах окружающих ты будешь выглядеть невежей. Наоборот: твой авторитет возрастет, когда люди поймут, что ты — человек дела и не тратишь времени попусту. Когда ты научишься ценить собственное время, они тоже станут дорожить им.

— У меня есть еще одна беда, Джон. Я ненавижу рутину и частенько отмахиваюсь от нее, надеясь, что сделаю это позже, так как сейчас есть другие неотложные дела. Но вместо чего-то важного убиваю время на то, чтобы разобрать рекламный мусор, приходящий мне на почту, или же просто просматриваю журналы.

— Ты правильно заметил, что убиваешь время. Человек так устроен: в первую очередь он хочет получать удовольствие. Все мы стараемся избежать того, что вызывает скуку. Но как ты помнишь, воля воспитывается тогда, когда мы делаем то, что нам делать совсем не нравится. Именно этим сильные люди и отличаются от среднего обывателя. Волевому человеку точно так же не нравится рутина, однако он знает, что без этой рутины ему не достичь своей цели.

Услышав это, я загрустил. Я вдруг понял, как сложна и бестолкова моя жизнь. Джулиан заметил эту перемену настроения.

— Знаешь, что об этом говорил Раман? Люди, умеющие эффективно управлять временем, живут очень просто. Человек создан так, что ему несвойственно вечно куда-то торопиться и о чем-то беспокоиться. Наиболее счастливы те, кто понимает, что цель вовсе не оправдывает средства. Да, в жизни очень важен успех. Но если в жертву ему приносится душевное спокойствие, то ни богатство, ни слава счастья не дадут. И это именно то, чем меня подкупила система саморазвития великих мудрецов Сиваны. Без этого знания я бы никогда не научился соблюдать баланс между материальным и духовным.

— Джулиан, я честен перед тобой, и хочу тебе кое в чем признаться, — тихо проговорил я. — Я не хочу бросать работу, продавать дом и машину ради того, чтобы стать просветленным мудрецом. Я обычный человек, и мне нравится жить в комфорте и достатке. Пусть я не миллионер, но за годы своей практики я все же кое-чего добился. Не буду лукавить: в душе моей пустота... Я уже рассказывал тебе, как жаждал успеха в молодые годы. Понимаю, что при желании мог бы добиться большего. Мне уже под сорок, а я ни разу не побывал ни в Большом Каньоне, ни на Эйфелевой башне. Я никогда не пересекал пустыню и не катался на лодке по глади озера жарким летним днем. Я даже не ходил босиком по парку, слушая, как смеются играющие дети. Да что там: я уже не помню, когда просто бродил один среди заснеженных улиц. Я очень давно не наслаждался красотой окружающего мира.

— Ты сам понимаешь, что счастье — в простых вещах, — пожалел меня Джулиан. — Тебе на помощь придет Ритуал Необходимого. Используй его во всех сферах своей жизни. И тогда время твое увеличится многократно. Ты будешь находить удовольствие в простых радостях жизни, и тебе хватит времени и на путешествия, и на единение с природой. Трагедия современного человека заключается в том, что мы все откладываем жизнь на завтра. Большинство людей мечтает о райской жизни которая наступит когда-то потом. Они не видят, что все условия для райского существования уже созданы у них дома.

— Но что же делать?

— Думай сам. У тебя есть разум и творческое воображение. Ты владеешь многими приемами великих мудрецов. Если ты будешь достаточно смел, чтобы применить древнюю мудрость к своей собственной жизни, то станешь творцом своей судьбы. Кстати, о приемах. Есть еще одна практика — лично я использую ее для того, чтобы не выходить за пределы простой и непритязательной жизни.

— И что это за практика?

— Послеобеденный сон. Он замечательно восстанавливает силы, а кроме того — возвращает молодость и привлекательный вид. Ты же помнишь: я всегда любил покрасоваться, — смущенно улыбнулся Джулиан.

— Да, ты старался быть на виду, — засмеялся я.

— Зато ты блистал неподражаемым чувством юмора, — парировал Джулиан. — И прошу тебя: постарайся не потерять это замечательное качество. Смех, как и музыка, возвращает тонус и дает силы жить дальше. Это лекарство номер один при любых стрессах и переутомлении. Как говорил Раман, смех подобен ключу, отпирающему ворота сердца. Он действует как бальзам на больную душу. Если ты не смеешься над собой, то зачем вообще живешь?

Джулиан вдруг заговорил быстро, словно в эти последние минуты хотел сообщить мне главное:

— Я скажу тебе только одно, Джон: у тебя нет времени. Совсем. Ты, быть может, думаешь, что проживешь еще пятьсот лет, но это не так. Когда Дивия преподнесла мне эти миниатюрные песочные часики, она произнесла фразу, которую я не забуду никогда.

— Что же сказала тебе Дивия?

— Она сказала: «Ты должен был посадить свое дерево еще сорок лет назад. А если не тогда, то сегодня». Поэтому вставай и иди «сажать свое дерево» — не тратя ни минуты. Ты должен мыслить как человек, находящийся при смерти.

То, что сказал Джулиан, меня напугало.

— Прости, не понял... Я нахожусь при смерти? — неуверенно спросил я.

— Мыслить, как умирающий, — единственный верный способ правильно оценить свою жизнь. Можно сказать, это еще одна из древних духовных практик, которая на самом деле не убивает, а делает человека намного сильнее. Ты должен прожить наступающий день так, словно это последний день в твоей жизни.

— Memento mori? Какая-то замогильная философия...

— Это самая жизнеутверждающая из всех философий! — возбужденно возразил он. — Когда ты осознаёшь, что каждый день умираешь, то не тратишь время на второстепенные вещи. Проснешься утром — первым делом спроси себя: «Если бы я знал, что вечером умру, как бы я прожил этот день?» Подумай, какие слова ты бы сказал своим близким, друзьям, коллегам и даже совсем незнакомым людям? Ты бы точно не стал тратить время на пустопорожнюю болтовню! Ты бы постарался наполнить этот день радостными и светлыми моментами, ты бы пил каждую его секунду, словно божественный нектар! Память о смерти — сильнейшее средство для изменения жизни. Она дает огромную энергию, заставляет почувствовать вкус полноценной жизни. Благодаря ей все твои действия будут осмысленны и результативны. Мысль о последнем дне подарит тебе смелость. Ты не будешь бояться экспериментировать. Это расширит твои горизонты и выведет за пределы твоего нынешнего «Я». Ты уже не будешь просто мечтать — ты начнешь активно действовать в направлении своей мечты. Человек должен каждый день пробовать что-то новое и, не страшась, шагать вперед! Только так можно открыть в себе спящие таланты и наконец-то обрести свою Дхарму.

— Все это очень вдохновляет меня! — воскликнул я.

— И это лишь один из эффектов, которые оказывает мысль о смерти. Она поможет тебе не скатиться в пропасть отчаяния, к которому неизбежно влечет скука и уныние обыденности.

— Моя чаша все еще пуста, о наставник, — я склонил голову.

— Значит, прямо сейчас начинай действовать! — обрадованно сказал он. — И веди себя так, словно ты обречен на успех. Пойми: у неудачи просто не будет шансов, если ты не дашь мысли о ней поселиться в своем сознании. Не пускай в сад своего разума мысли о том, что можешь потерпеть крах. Прогони страхи и отпусти на волю свое творческое начало. Вырвись из плена прошлого. Стань творцом своей собственной судьбы — и ты преобразишься.

Лучи рассветного солнца упали на его юное лицо, и я впервые заметил на нем признаки утомления. Это было неудивительно: ведь он со всем жаром своей души всю ночь наставлял меня в древней премудрости. У кого еще могло хватить энергии и душевных сил для того, что он совершил? Ведь он не был пустословом: он действительно пережил все то, о чем рассказывал.

— Итак, ночь закончилась, и подходит к концу загадочная притча Рамана, — продолжил он своим мягким бархатным голосом. — У меня сегодня еще много новых встреч, и скоро мы расстанемся.

— Неужели ты вернешься к адвокатской практике?!

— О, нет, — улыбнулся Джулиан. — Я давно не тот судебный волк, чья хватка когда-то приводила их в восторг. Мое сознание стало иным — как и мои одежды. У меня совсем другой род занятий. Я стал новым человеком, и они вряд ли узнают меня.

— Да, ты стал иным, — кивнул я, и в моей голове промелькнула дичайшая картина: монах в алых одеждах выпархивает из красного «феррари» своего прошлого...

— Я скажу «иная сущность», — поправил меня Джулиан.

— Какая разница? — пожал я плечами.

— Индийцы говорят: «Человек — не мыслящее животное. Он — духовная сущность, вселившаяся в земное тело, чтобы получить определенный опыт». Я нашел себя и знаю, зачем нужен Мирозданию. Мне безразличны проблемы светского мира, — бесстрастно сказал он. — Я живу во Вселенной, и Вселенная живет во мне.

— Может быть, когда-нибудь и я приду к этому? — с надеждой спросил я.

— Обязательно придешь! — отвечал он с самой истовой откровенностью. — Одним прекрасным утром ты поймешь все, чему я тебя учил — и примешь это сердцем. Главное, не оставляй ритуалов и практик. Все время обращайся к древней мудрости Сиваны — и ты не свернешь с пути просветления. Ты воспаришь над миром и самим собой, и там, с высоты просветления, тебе откроется подлинная суть жизни. Ты поймешь, что ты — лишь блик света на полотне вечности. Вот тогда-то ты и найдешь свою Дхарму, смысл которой заключается в вечном служении другим. Так ли важно, насколько ты богат и какой марки машина в твоем гараже? Что ты возьмешь с собой в могилу? Только свою душу — более ничего. Поэтому слушай свою душу. Она — верный компас, который приведет тебя к цели. Только душа знает истину. И она наверняка знает, что ты призван бескорыстно помогать людям. Я знаю это из собственного опыта. Это — главный результат моей духовной одиссеи. Я иду к людям, чтобы помочь им исцелиться от многих недугов современности. Я должен выполнить свою миссию: открыть древнюю мудрость Сиваны всем тем, кто нуждается в ней. Это моя Дхарма.

Я смотрел на Джулиана и видел, что в нем было то горение духа, о котором он мне говорил этой ночью. Его речь была наполнена страстью и убежденностью. Я понимал, что именно этот душевный огонь, а не вегетарианская диета и йоговские упражнения заставил больного пожилого адвоката превратиться во вдохновенного юного Адониса. Не здоровое питание, но асаны и медитации сделали это. Это сотворила с ним тайна, которую люди ищут с начала времен. И это не была тайна вечной молодости и вечного блаженства. Это была тайна собственной души.

Глава 11: Суть проповеди Джулиана в двух словах. Время как величайший дар судьбы

Время — величайший дар судьбы, цени его!

•

Время не возвращается.

•

Сосредоточься на главном и отсекай второстепенное.

•

Живи проще.

•

Правило Двадцати процентов.

•

Не бойся говорить «нет».

•

Думай, как умирающий.

•

Время течет как песок в часах. Оно подобно строгому и беспристрастному судье. У каждого из живущих есть лишь двадцать четыре часа в сутках — и мы отличаемся друг от друга только тем, как используем эти двадцать четыре часа.

ГЛАВА ДВЕНАДЦАТАЯ

ИСТИННЫЙ СМЫСЛ СУЩЕСТВОВАНИЯ

Сам по себе и лишь для себя одного не живет никто.

Уильям Блейк

— Великих мудрецов Сиваны от всех прочих людей отличали не только молодость и высокий дух, — продолжал Джулиан, — но прежде всего, их любовь и открытость людям. Раман часто рассказывал мне о своем детстве и как-то поведал о ритуале, который повторялся каждый вечер перед сном. В его усыпанную розовыми лепестками комнатку входил отец, садился у его постели и спрашивал: «Что полезного ты совершил сегодня?» И если ответ был «ничего» — отец поднимал Рамана с постели и заставлял пойти и сделать хотя бы одно доброе дело. Ибо счастье не в количестве особняков и шикарных машин, а в том, сколько пользы ты принесешь другим людям.

— Видимо, ты подводишь меня к тому, что означают желтые розы в притче Рамана? — спросил я с улыбкой.

— Да, сейчас я объясню тебе этот образ. Розы служат напоминанием о древней китайской пословице: «Рука, дарующая розы, хранит их аромат». То есть когда ты делаешь добро другим людям, то это добро возвращается к тебе. Ты должен стараться жить так, чтобы каждый твой день был наполнен добрыми делами. Тогда и только тогда твоя жизнь будет иметь смысл.

— Я что, должен заняться благотворительностью?

— Если хочешь, то конечно. Но я имел в виду нечто другое. Тебе нужно изменить восприятие самого себя и жизни в целом.

— Я снова не понимаю тебя, Джулиан. Что ты имеешь в виду под словом «восприятие»?

— Это твое отношение к обстоятельствам, — терпеливо объяснял Джулиан. — Стакан наполовину пуст или наполовину полон? Оптимист и пессимист по-разному ответят на этот вопрос. Сами по себе события и вещи не имеют оценки: все зависит от того, как люди их воспринимают. Восприятие подобно светофильтру, сквозь который ты смотришь на то, что происходит вне и внутри тебя.

— Значит, мне нужно изменить восприятие и по-новому взглянуть на мир?

— Я бы сказал несколько иначе: тебе нужно заново осознать свое место в мире. Ты же пришел сюда, не имея ничего; так ты отсюда и уйдешь. Но пришел ты в этот мир не просто так, а с какой-то целью, — он значительно посмотрел на меня.

— А что это за цель? — осведомился я.

— Цель — служить людям и тем самым вносить свою лепту в мировую гармонию, — пояснил Джулиан. — При этом совсем необязательно отказываться от комфортных условий жизни, бросать адвокатскую практику и заниматься благотворительностью. Хотя многие люди именно так и поступают. Оглянись вокруг: сегодня мир не такой, как вчера. Люди платят огромные деньги за то, чтобы им указали на их истинное место в мире. Даже адвокаты, которые всегда оценивали клиента по размеру его кошелька, сейчас оценивают людей по величию их души. Преподаватели дорогих колледжей оставляют престижную работу и едут в горячие точки, чтобы обучать детей, которых война оставила без образования. Люди начинают осознавать, что пришли в этот мир не для того, чтобы бесконечно потреблять. Они должны отдать частичку своей души, чтобы мир развивался и становился лучше.

— А что это за частичка души?

— Мы же говорили с тобой об этом всю ночь! Это огромный потенциал твоего сознания и интеллекта, мощная сила созидания, творчество, самоконтроль и внутреннее спокойствие. Твоя цель — отыскать в себе все эти скрытые дары и начать раздавать их людям.

— Я не против, но я не знаю, с чего мне начинать.

— Измени свое отношение к себе. Ты — не отдельная личность, живущая в собственном мире. Ты — часть мира людей, клетка огромного организма.

— То есть я должен стать более добрым по отношению к другим людям?

— Ты должен отдать им себя без остатка. И это лучшее, что ты можешь сделать для себя. На Востоке эту практику называют «бегство из плена собственного „Я“. Эта практика преследует цель освободиться от ложного самовосприятия и достичь состояния духовного существа. Я допускаю, что для этого тебе придется пожертвовать очень многим. Возможно, тебе придется расстаться с самым дорогим, что у тебя есть. Например, ты можешь весь свой отпуск проработать волонтером в службе помощи бездомным. Но точно так же ты можешь, стоя в пробке, просто уступить дорогу другому автомобилю. Дело не в размере жертвы, а в самом принципе. Любая попытка улучшить этот мир приводит к тому, что твоя собственная жизнь меняется к лучшему. Йог Раман говорил: «Когда ребенок приходит в этот мир, он плачет, а мир смеется. Жить нужно так, чтобы, покидая его, мы смеялись, а мир плакал».

Я слушал Джулиана и осознавал его неоспоримую правоту. Я был неплохим адвокатом, но я понимал, что не отдаю себя людям на все 100%. Я выигрывал процессы, мне даже удалось создать несколько прецедентов, на которые впоследствии опирались другие адвокаты. Но юриспруденция была для меня не призванием, а способом заработать на хлеб с маслом. Хотя будучи студентом, я от всей души мечтал служить людям. Ночами, сидя в тесной комнате нашего общежития, мы пили холодный кофе и горячо спорили о судьбах мира. Но минуло два десятилетия — и во что превратились мои мечты об изменении мира? В желание выплатить кредит за дом и выйти на покой обеспеченным человеком. Я стал типичным представителем среднего класса, человеком в футляре, который защищал меня от нужд остального мира.

— Есть одна стародавняя притча, — продолжил Джулиан, чуть помолчав. — Когда-то давно жила-была одна пожилая вдова. С годами она совсем одряхлела, и сын с невесткой взяли ее в свой дом. Она была так слаба, что не могла держать ложку в руках, так что частенько, когда она ела, разливала суп и роняла куски на пол. Молодым было неприятно сидеть за одним столом с немощной старухой, они купили для нее маленький колченогий столик и поставили его в дальнем углу, чтобы не видеть, как она неряшливо ест. Старушка ела свой хлеб «пополам со слезами»: ведь мало того что дети прогнали ее из-за стола, так еще и почти не разговаривали с ней. Вот как-то вечером незадолго до ужина отец сидел и играл со своей маленькой дочкой, которая складывала кубики. «А что это мы строим? — спросил он ласково. — Домик или гараж?». «Я делаю маленький столик для тебя и мамы, чтобы, когда вы станете старенькими, посадить вас в угол, где сейчас обедает бабушка». Слова этой маленькой девочки тронули ожесточенные сердца родителей. Они разрыдались, осознав, как жестоко обидели мать. Со слезами на глазах они просили прощения у старой женщины, и с того самого вечера она занимала почетное место за их общим столом. И если она проливала суп или роняла кусочки, никто просто не обращал на это внимания.

Меня эта история тоже тронула до слез. Джулиан меж тем объяснял мне истинный смысл этой притчи:

— Молодые люди — родители маленькой девочки — вовсе не были жестоки. Они просто не осознавали, что их действия могут приносить огромную боль кому-то другому. Слова их дочери зажгли в них огонь милосердия и сострадания. Ежедневно совершай дела милосердия и поймешь, что ты стал богаче самого богатого человека в мире. Утром каждого дня планируй эти дела, размышляй над тем, что доброго ты можешь сделать сегодня для людей. Улыбайся встречным людям, прояви сочувствие, когда кто-то из твоих знакомых попадет в беду. Выражай любовь своим близким — и не по праздникам, а просто так, без повода. Твоя жизнь заиграет новыми красками. Не забывай общаться с друзьями. Иметь хотя бы трех верных друзей — невообразимая роскошь в этом мире.

— Ты прав, Джулиан, — согласился я.

— Друзья заряжают оптимизмом и помогают пережить невзгоды. Что может быть лучше, чем вечер, проведенный со старым другом? Ты снова чувствуешь себя молодым. Друзья не позволят тебе задрать нос, если ты вдруг возомнишь себя центром Вселенной. Друзья не дадут тебе закиснуть в унынии и вытащат тебя из любой переделки. В прежние времена я так был поглощен судебными битвами, что у меня не было времени на друзей. И к чему я пришел? К одиночеству. Ты — единственный, кому я открываю свою душу. Я не могу позвать друга на прогулку по ночному парку. Я не могу поделиться с ним своими восторгами по поводу хорошей книги, которую я только что прочитал. Я не могу разделить с другом радость от чудесного сентябрьского утра, когда яркие лучи мягкого осеннего солнышка наполняют мою душу светом.

Я смотрел на Джулиана широко раскрытыми глазами. Я знал его как великолепного бойца на поприще закона, бойца, не щадившего соперников. Всю свою жизнь он защищал права тех, кто может оплатить его весьма недешевые услуги — и неизменно побеждал. Но сейчас он одержал самую важную победу в своей жизни. Победу над самим собой. Он, Джулиан Мэнтл, действительно перестал быть «мыслящим животным». Он стал духовным существом, готовым до последней искры отдавать огонь своей души другим людям. И я чувствовал, что должен последовать за ним.

Глава 12: Суть проповеди Джулиана в двух словах. Обретение смысла жизни

Ты пришел в этот мир не для того, чтобы бесконечно потреблять, а чтобы отдать частичку своей души людям.

•

Улучшая мир, ты улучшаешь собственную жизнь.

•

Жить нужно так, чтобы, покидая мир, мы смеялись, а мир плакал.

•

Не ложись спать, пока не сделаешь хотя бы одно доброе дело.

•

Просящему у тебя — дай.

•

Проявляй сочувствие, выражай любовь и не забывай о друзьях.

•

Лучшее, что ты можешь сделать для собственной души — без остатка отдать себя людям.

ГЛАВА ТРИНАДЦАТАЯ

ТАЙНА ВЕЧНОГО БЛАЖЕНСТВА

Любуясь закатом солнца или восходом луны, я всей душой славлю Творца, создавшего это великолепие.

Махатма Ганди

Джулиан находился в моем доме уже более полусуток. Эти двенадцать часов перевернули мою жизнь. Несмотря на бессонную ночь, я чувствовал необыкновенный прилив сил. Я был полон свежести и энергии, я понимал, что в моей жизни есть смысл и цель. Притча, которую мне поведал Джулиан, глубоко врезалась в мое сознание. Ее символы будут для меня вечным напоминанием о мудрости Сиваны. Я только начал этот путь и понимал, что даже не прикасался к сокровищнице собственной души. До этой ночи я имел привычку убивать время и проходить мимо чудесных возможностей, встречавшихся мне на каждом шагу. И лишь наставления Джулиана помогли мне осознать все мои слабости и вынести уроки из совершенных ошибок. Теперь я знал, что все мои неудачи и провалы были нужны мне для того, чтобы я учился и шел вперед.

— Еще немного — и я уйду. Начинается твой рабочий день, и ты должен приступить к своим повседневным обязанностям, — Джулиан словно просил у меня прощения.

— Я могу отложить работу, — ответил я.

— Но я не могу отложить свою миссию, — добродушно улыбнулся он. — Однако я не могу уйти, оставив тебя в неведении относительно последнего образа волшебной притчи Рамана. Давай-ка я напомню финал этой истории: борец сумо, обмотанный розовым проводом, находит золотой секундомер, падает в обморок, но скоро приходит в себя оттого, что рядом с ним зацвел розовый куст. Он вскакивает на ноги и устремляется прочь по дороге, усеянной алмазами. Как и положено в сказке, борец сумо прошел эту дорогу до конца и жил долго и счастливо.

— Кто бы сомневался, — хмыкнул я, — все сказки этим кончаются.

— Ты уже знаешь, что каждый образ в притче Рамана несет в себе глубокий духовный смысл, — сказал он чуть ли не гневно. — А также то, что мудрость этой притчи невероятно практична.

Я кивнул.

— Нам остался последний образ: алмазная дорога. Этот последний символ означает просветленную жизнь. Этот последний символ кардинально изменит твою судьбу. У меня не хватает слов, чтобы описать то, что тебе предстоит пережить. В самых простых вещах ты будешь открывать величайшие тайны Вселенной, и сердце твое начнет трепетать от восторга. Если же ты сдержишь данное мне слово и поведаешь эту мудрость миру, то сможешь разделить радость этого восторга с окружающими тебя людьми.

— А какой срок нужен для того, чтобы моя жизнь стала просветленной?

— Для того, чтобы принять эти истины, много времени не потребуется, — произнес он невозмутимо. — Но понимание — только первый шаг. Ты должен практически овладеть всеми этими приемами, а на это у тебя уйдет несколько недель — при условии, что ты будешь тренироваться ежедневно.

— Так что же значит эта просветленная жизнь, и чем она отличается от обычной?

— Мудрецы Сиваны были глубоко убеждены в том, что истинно просветлен тот, кто живет настоящим. Они уподобляли прошлое воде, протекающей под мостом, а будущее — солнцу, которое еще не взошло. Человек не властен ни над прошлым, ни над будущим, в его руках лишь настоящее. Научись пребывать здесь и сейчас — и ты поймешь, что такое вечное блаженство.

— А знаешь, Джулиан, я понимаю, о чем ты, — сказал я. — Я постоянно вспоминаю то, что случилось в прошлом, хотя и осознаю, что сейчас невозможно ничего изменить. Или же беспокоюсь о том, чему еще предстоит случиться. Меня посещают тысячи разных мыслей, одни относятся к прошлому, другие — к будущему, и я разрываюсь между ними.

— Зачем же ты это делаешь?

— Думаю, я просто не знаю, как избавиться от всех этих раздражающих мыслей. Иногда — очень редко — мне удавалось сосредоточиться на решении вопроса, над которым я работал в данный момент. Но это случалось тогда, когда время уже поджимало: например, я был должен очень быстро и внимательно изучить все материалы и принять решение, возьмусь я за это дело или же нет. Так же я был сосредоточен, когда в детстве играл в футбол и страстно хотел забить гол. Я словно превращался в стрелу, летящую в цель. То, что окружало меня — звонки, другие дела, мои личные тревоги и проблемы — словно исчезало. И, странное дело, именно в эти минуты предельной концентрации я чувствовал себя счастливым и спокойным.

— Предельная концентрация на выполняемом деле, особенно если это дело приближает тебя к желанной цели, делает тебя по-настоящему счастливым, — тоном проповедника говорил Джулиан. — Главное, помнить, что счастье — не какое-то прекрасное место, куда ты должен прибыть, а само путешествие в это место. Живи настоящим и цени каждый свой день, — при этих словах Джулиан молитвенно сложил ладони, словно благодарил невидимое божество за эту ночь, полную откровений.

— Значит, алмазная дорога напоминает мне о том, что я должен жить «здесь и сейчас»?

— Верно, — ответил Джулиан. — Иди вслед за борцом сумо, и в один прекрасный момент ты поймешь, что твой путь действительно усыпан бриллиантами. Прекрати «увеличивать дозу» удовольствий. Помни, что стремясь к большей роскоши, ты лишал себя роскоши наслаждения простыми вещами. Остановись и прислушайся к себе. Мир огромен и красив — пришло твое время увидеть эту красоту.

— Значит, мне следует оставить все эти планы относительно карьеры и заняться только текущими делами? — нерешительно спросил я.

— Ни в коем случае, — отрезал Джулиан. — Я же говорил тебе, что человек должен стремиться к цели. Без этого жизнь лишена смысла. Высокие цели вдохновят тебя на свершения. Я хочу тебе сказать лишь то, что счастье не наступает завтра. Радость сегодняшнего дня — слишком большая ценность, чтобы приносить ее в жертву будущим целям, даже самым высоким. Если что-то делает тебя счастливым сегодня, то не стоит откладывать это на потом. Живи сегодня. Не думай, что ты начнешь жить, лишь когда урвешь приличный куш или выйдешь в отставку. Жизнь не начинается завтра — она начинается сейчас!

Джулиан поднялся и начал ходить взад и вперед, разминая затекшие мышцы. Я вновь видел перед собой блестящего адвоката, готовившего к бою последние решающие аргументы.

— Главное, Джон — не обманывай себя, — строго сказал Джулиан. — Не давай себе обещаний, что ты станешь идеальным отцом и мужем сразу после того как тебе дадут молодого и толкового помощника на работе. Не говори, что займешься духовными практиками, когда твой годовой доход достигнет определенной суммы и у тебя наконец-то появится свободное время. Пойми: радоваться жизни нужно сегодня, здесь, сейчас, потому что завтра у тебя этой жизни может не быть. Сегодня — день, когда сбываются твои мечты.

— Разве это возможно? — удивленно спросил я.

— Ты обладаешь величайшим даром: у тебя есть семья и дети. Расти вместе с ними и проживай их детство, — почти умоляющим тоном произнес он.

— Это звучит еще более туманно.

— Нет ничего более важного в мире, чем стать для своих детей одним из самых счастливых мгновений детства! — воскликнул Джулиан с необычным для него жаром. — Нет смысла взбираться по карьерной лестнице, если ты не видел первые шаги своего ребенка. Нет радости в том, чтобы жить в самом шикарном особняке района, если в твоем доме не звенит детский смех. Твоя слава юриста может греметь на всю страну — но что проку от этого, если дети не помнят, как выглядит их отец?

Произнося эту страстную речь, Джулиан заметно волновался. Голос его дрожал.

— И мне известно это как никому другому, — тяжело уронил он.

Я не верил своим ушам. Я знал Джулиана как покорителя женских сердец, постоянно окруженного самыми богатыми и красивыми женщинами страны. Его интрижки с топ-моделями были притчей во языцех, так же как и его адвокатское мастерство. Что ему могло быть известно о детях, о том, как трудно одновременно быть любящим отцом и преуспевающим адвокатом? Быть может, некое шестое чувство подсказало ему, каково это должно быть?

— И все же мне известно, что дети — это величайший дар Небес, — упрямо повторил он.

— Откуда, Джулиан? — недоверчиво спросил я. — Насколько я знаю тебя, ты всегда был ярым противником брака и даже не думал о женитьбе до того самого момента, когда ты бежал с поля судебного боя и исчез на годы.

— Но ты же знаешь, что я был женат — пока беспорядочная жизнь преуспевающего гедониста не захватила меня.

— Да, но ты развелся.

Он замолчал и посмотрел на меня долгим пристальным взглядом, подобно малышу, который собирается поделиться самым сокровенным секретом со своим лучшим другом.

— Ты не знаешь одного, Джон, — сказал он отрывистым шепотом. — У меня была дочь — поистине ангельское существо. В те времена я высоко нес свою гордую голову: ведь судьбы не обделила меня ни славой, ни богатством. Я имел все, что составляет предел мечтаний любого человека. Мне завидовали и прочили еще более блестящее будущее. У меня была красавица жена и чудесная дочка. Но в один черный день я потерял все это.

Глубокая тень легла на юное лицо Джулиана. Я увидел, как по его щеке покатилась слеза. У меня защемило сердце от предчувствия страшной беды.

— Если не хочешь, не рассказывай, Джулиан, — тихо промолвил я, положив руку ему на плечо.

— Ты должен это услышать, Джон, потому что ты напоминаешь мне меня самого в мои молодые годы. Ты счастлив, богат, и у тебя блестящие перспективы. Но если ты не изменишься изнутри, то можешь потерять то, что составляет счастье твоей жизни... Под колесами того автомобиля погибла не одна моя дочь. Тем солнечным октябрьским утром умер я сам. Мне просто незачем стало жить, и я ушел с головой в работу, чтобы заглушить эту невыносимую боль. Я поставил в своем кабинете диван, чтобы только не возвращаться в дом, где все напоминало о ней. Моя карьера взлетела вверх, но душа моя устремилась в пропасть. Моя когда-то любимая жена стала мне чужим человеком, и мы расстались. Затем, как ты знаешь, я растолстел и стал прожигать жизнь в дорогих ресторанах и светских тусовках. Я чудовищно разбогател, но пожертвовал собственной душой.

Он опустил глаза, пряча непрошеные слезы.

— Вот что означают твои слова о том, что я должен проживать с детьми самые счастливые мгновения их детства... — почти шепотом сказал я.

— С тех пор прошло двадцать семь лет, — низким глухим голосом отозвался Джулиан. — Но я отдал бы все, что имел тогда и имею сейчас, лишь бы снова услышать звонкий смех моей дочери и расцеловать ее золотые локоны. Я многому научился в Сиване, я стал совершенно иным человеком, я обрел душевный покой, но все же... каждый день я вспоминаю нежные глаза моей милой девочки. У тебя дивные дети, Джон. Дари им свою любовь, пока можешь это сделать. Никакая карьера не заменит тебе семью.

Джулиан задел за больное. Я и до встречи с ним с грустью понимал, что моя зацикленность на работе губительно влияет на отношения в моей семье. Я знал, что дети скучали по мне, хотя никто из них никогда не произносил этого вслух. За них это сделал Джулиан. Время идет, дети растут, а я... я не помню, когда мы с сыном Энди отправлялись в секретную заводь, где мы рыбачили еще с моим отцом. А ведь было время, когда мы ходили на рыбалку каждые выходные. Одна мысль об этом причиняла мне боль. Я решил во что бы то ни стало прекратить жертвовать семьей во имя карьеры.

— Счастье — всего лишь дорога, которую мы выбираем сами, — прервал мои горестные размышления Джулиан. — Ты можешь посмотреть под ноги и увидеть алмазы, а можешь сломя голову нестись к призрачному счастью, которое наступит в конце пути. Но там тебя ждет лишь пустота и разочарование... Нет такого понятия как «конец пути». Есть только сегодняшний день. Это — твое единственное и самое главное сокровище.

— Но как я могу научиться жить «здесь и сейчас»? — нетерпеливо спросил я.

— Просто радуйся, — невозмутимо ответил Джулиан. — Помни: неважно, как складывается жизнь. В любых, даже самых нечеловеческих условиях, ты можешь радоваться уже тому, что живешь. Повседневность скрывает в себе много сокровищ.

— А как насчет тех случаев, когда человек теряет все, что нажито годами трудов и страданий? Или находится в глубочайшем духовном кризисе?

— Разве есть связь между суммой на твоем счету и радостью повседневной жизни? — произнес он прерывающимся голосом. — О, если бы ты знал, Джон, как много в мире несчастных миллионеров! Или ты полагаешь, что великие мудрецы Сиваны печалились о том, что у них нет контрольного пакета акций или особняка на юге Франции? — лукаво подмигнул Джулиан.

— Принимается, — сказал я.

— Есть большая разница между тем, чтобы «иметь богатство» и «быть богатым». Если хоть раз в день ты будешь благодарить судьбу за то, что просто живешь, твоя жизнь наполнится чудесами. Даже полностью разоренный человек обладает множеством вещей, за которые он может сказать судьбе «спасибо». Если он здоров, если у него есть семья, если люди знают его как честного человека — он уже богат. А если он обладает настойчивым характером и любит труд — ему не страшны никакие преграды.

Помолчав, он продолжал неторопливо:

— Каждый человек может найти повод поблагодарить судьбу. Мудрецы благодарят судьбу даже за щебетание птиц у них под окном. Люди имеют обыкновение жаловаться на жизнь, так как она не дает им желаемого. Они не понимают главного: жизнь дает не то, что хочется, а то, что нужно.

— Значит, благодаря жизнь за все духовные и материальные ценности, которыми я обладаю, я начинаю жить настоящим?

— Да! Ты концентрируешься на том, что есть сейчас, не сожалея о прошлом и не волнуясь о будущем. Ты чувствуешь вкус настоящего, и жизнь твоя обретает смысл и полноту. Ты раздуваешь искру, которая зажжет факел твоего призвания.

— Факел моего призвания? Это как? — переспросил я.

— Каждый человек — уникален. В любом из нас дремлет гений, — торжественно произнес бывший гений адвокатуры.

— О, только не в моих коллегах, — сморщился я.

— В любом из нас, — настойчиво повторил Джулиан. — У человека есть свой предначертанный путь, и он должен пройти его. Твоя гениальность пока еще дремлет, но стоит тебе найти свое призвание, оно загорится, подобно факелу, и осветит твой путь. Я не знаю, в чем состоит твоя миссия. Быть может, ты прославишься как комик или станешь великолепным педагогом. Если ты найдешь свою Дхарму, то все твои мечты и желания исполнятся сами собой. Тебе даже не придется прикладывать особых усилий. Наоборот: чем больше сил ты будешь вкладывать в достижение цели, тем длиннее окажется твоя дорога к ней.

Просто иди в направлении своей мечты, наслаждаясь каждым прожитым днем. Ты будешь счастлив здесь и сейчас, а мечта... мечта все равно исполнится. Вот что я имел в виду, когда говорил о факеле призвания, — торжествующе произнес Джулиан. — Знаешь, в детстве я очень любил одну книжку — отец часто читал ее мне — она называлась «Питер и его Волшебный клубок». В ней рассказывалось о мальчике по имени Питер, который рос довольно милым и живым ребенком, был примерным сыном и прилежным учеником. Лишь одно портило ему жизнь: он не умел жить настоящим. Слушая учителя на уроке, он воображал, как будет играть на улице после занятий. Играя на улице, он вспоминал, как хорошо был летом, когда не надо было ходить в школу. Он всегда витал в облаках, проходя мимо удивительных возможностей, которые давала ему жизнь. Однажды воскресным утром Питер пошел прогуляться в лес. Он забрел далеко в чащу и, утомившись, прилег отдохнуть. Сквозь сон он услышал, как кто-то зовет его по имени. Проснувшись, он увидел дряхлую старушку, которой было не меньше ста лет. Она протянула ему морщинистую ладошку, на которой лежал маленький клубочек. Из середины клубка выходила тонкая золотистая ниточка. «Это нить твоей жизни, Питер, — проскрипела старушка. — Стоит тебе потянуть за нее, часы превратятся в секунды. Потянешь сильнее — дни превратятся в минуты. Потянешь изо всех сил — годы превратятся в дни». Этот волшебный подарок невероятно понравился мальчику. И на следующий же день, когда Питер, по своему обыкновению, скучал на уроке, он решил воспользоваться силой волшебного клубка. Легко потянув за ниточку, мальчик сразу оказался дома, в своем саду. Это привело Питера в полнейший восторг. «Зачем учиться и тратить годы на взросление, когда я могу стать взрослым уже сейчас?» — подумал он и дернул нитку сильнее. Тут же он стал юношей, обрученным с красавицей по имени Эльза. Но ему захотелось большего. Он с силой потянул за нить, и дни превратились в годы. Теперь он был мужчиной в полном расцвете сил, главой многодетной семьи. Правда, отчего-то волосы его матери, бывшие когда-то черными, как смоль, стали белы, как снег. Но Питер не умел читать знаки настоящего — и снова дернул за волшебную нить. Он увидел себя дряхлым девяностолетним вдовцом, схоронившим и мать, и красавицу жену. Дети и внуки выросли и разлетелись по свету. Он остался в одиночестве и только теперь понял, что жизнь пронеслась мимо него. А все потому, что он не умел жить настоящим. У него не осталось даже воспоминаний, потому что он никогда не возил сына на рыбалку и ни разу не гулял с Эльзой под луной. Он не посадил ни одного дерева и не прочел ни одной книги. Он сразу прибыл в пункт назначения, не увидев, как живописен и извилист был его путь. Собрав последние силы, Питер пошел в тот самый лес, где когда-то ему вручили волшебный клубок. Вернее, это был уже совсем другой лес: ведь деревья, бывшие когда-то тонкими прутиками, превратились в высокие дубы. Старец быстро устал и прилег на полянке. Не успел он сомкнуть глаз, как ему послышался знакомый скрипучий голос. Открыв глаза, он увидел ту самую старушку, которая когда-то подарила ему волшебный клубок.

— Ну что, понравился ли тебе мой подарок? — беззубо улыбаясь, спросила она.

— Сначала я был просто в восторге от него, а сейчас понимаю, что он сделал меня несчастнейшим из людей. Я прожил жизнь, но не заметил ее. Быть может, в ней было много горя, и, конечно же, было и счастье — но я не вкусил ни того, ни другого. Я опустошен и чувствую, что прожил свою жизнь зря.

— Глупый, глупый Питер, — сказала старуха. — Не умеешь ты ценить подарки судьбы. Что ж, если хочешь, я исполню любое твое желание — но только одно.

Недолго думая, Питер ответил:

— Хочу снова стать школьником и прожить каждую секунду своей жизни.

В этот момент веки его сомкнулись и он уснул глубоким сном. Его разбудил чей-то голос. Это был голос матери. Она стояла возле его кровати — живая, молодая и невероятно прекрасная. «Как ты долго спишь, Питер! — сказала она. — Вставай сейчас же, не то опоздаешь в школу!» С этого дня Питер больше не терял ни секунды. Он научился жить настоящим и ценить каждое прожитое мгновение.

— Чудесная сказка, — сказал я.

— Чудесная, но — всего лишь сказка, — сокрушенно заметил он. — Реальность не даст тебе шанса на вторую жизнь. Твой единственный шанс — это наступающий день. Время подобно песку, утекающему сквозь пальцы. И этот новый день должен стать для тебя поворотным пунктом. Сегодня, и только сегодня ты можешь раз и навсегда изменить свою судьбу. Просто отдай все силы тому, что для тебя важнее всего. Больше времени проводи с теми, кого любишь ты и кто любит тебя. Ведь именно в этих людях заключается смысл твоей жизни. Лови каждое мгновение своего бытия, наслаждайся им. Делай то, что всегда хотел сделать. Займись скалолазанием или возьми урок игры на трубе. Гуляй под дождем или начни новое дело. Послушай классическую музыку, выучи несколько слов на языке, которого не знаешь. Разбуди в себе любопытство к жизни, свойственное одним лишь детям. Успех — это прекрасно, но счастье — не в успехе. Слушай свою душу и наслаждайся самим фактом своего существования, тем, что ты можешь мыслить и дышать. Так ты достигнешь Нирваны.

— Нирваны?

— Да. Это место, куда в конечном итоге попадают все просветленные души, — проговорил он благоговейно. — Вернее, Нирвана — это не совсем место. Это особое состояние духа, когда не чувствуешь ни страданий, ни забот, но пребываешь в вечном восторге жизни. Его можно назвать божественным — но чтобы обожествиться, необязательно попадать на небеса. Небеса сами спустятся к тебе. Великие мудрецы Сиваны, — произнес Джулиан с благоговением, — считали Нирвану главной целью своей жизни. Вселенная создала нас не без причины. И ты должен найти причину своего появления на этой земле. Вырвись из плена своих страстей и инстинктов. Пусть древняя мудрость Сиваны войдет в твою повседневную жизнь. Каждый день выделяй время для того, чтобы практиковать все те приемы и ритуалы, которым я обучал тебя всю ночь. И однажды Нирвана снизойдет на тебя.

— Есть ли какие-то признаки, по которым я узнаю, что стал просветленным? — осведомился я.

— Да. Есть, — веско отвечал он. — Первый и самый главный признак: ты начнешь видеть печать божественного творения на всем, что существует в мире. Мягкий лунный свет или яркое голубое небо, аромат цветка или смех играющего ребенка — все это будет нести на себе печать божественности.

— Джулиан, — запинающимся от волнения голосом произнес я. — Клянусь, что буду использовать мудрость сиванских мудрецов в повседневной жизни и передам ее другим. Ты не зря вдохновенно проповедовал мне всю ночь. Я даю тебе слово, и я сдержу его.

— Используй эту мудрость сам и обучи этому тех, кто находится рядом с тобой. Пусть их жизнь станет свободной и полноценной. И помни главное: путь так же прекрасен, как и место, куда ты направляешься. А напоследок, если, конечно, хочешь, я расскажу тебе еще одну притчу, которую услышал от Рамана.

— Конечно, хочу, Джулиан! — закивал я.

— Когда-то в древние времена в Индии жил один махараджа, — начал Джулиан неторопливо. — Он так любил свою жену, что решил в ее честь возвести прекрасный памятник, равного которому не будет во всем белом свете. Он хотел, чтобы и после его смерти люди помнили о том, как он любил эту женщину. Он нанял лучших мастеров, которые трудились от зари до зари, чтобы воздвигнуть этот величественный монумент. Двадцать два года продолжались работы, и вот, наконец, миру предстал изумительной красоты дворец, сложенный из белейшего мрамора. Ты случайно не знаешь, как называется этот дворец? — неожиданно спросил Джулиан.

— Без понятия! — воскликнул я.

— Это же Тадж-Махал! Восьмое чудо света! — воскликнул мой ночной гость. — Но суть не в этом. И ты, и я, и каждый из живущих на земле — одно из чудес света. Мы все — потенциальные герои: у любого из нас есть возможность совершить свой собственный подвиг, реализовать свои собственные уникальные таланты и исполнить свою собственную Дхарму. И для этого нужно совсем немного: просто идти маленькими шажками по направлению к цели. Чудесный Тадж-Махал был воздвигнут не за один день. Он рос кирпичик за кирпичиком, пока, наконец, не взмыл в лазурное небо Индии великолепным белоснежным облаком. Научись искусству маленьких шагов — и они приведут тебя к большой победе. Преврати эти небольшие шаги в благую привычку, и пожнешь потрясающую судьбу. Встречай каждый день так, словно это последний день твоей жизни. Не упускай возможность порадоваться, не откладывай на потом дела, которые тебе нравятся больше всего. И тогда ты станешь властелином своей судьбы. То, что окружает тебя, неважно. Важно лишь то, что ты носишь в себе.

Сказав последнее слово, этот бывший миллионер-адвокат, а ныне — просветленный мудрец из Сиваны, обнял меня, словно родного брата, и покинул мою гостиную. Начинался еще один жаркий летний день. Мой взгляд упал на журнальный столик, где живым напоминанием о сегодняшней ночи белела пустая чашка Джулиана.

Глава 13: Суть проповеди Джулиана в двух словах. Обретение Нирваны

Живи настоящим.

•

Учись находиться «здесь и сейчас».

•

Будь благодарен за то, что у тебя есть.

•

Не жертвуй сегодняшним счастьем ради завтрашнего успеха.

•

Умей наслаждаться красотой дороги и каждый день встречай так, словно это твой последний день на земле.

•

Благодари судьбу за все.

•

Зажги факел своего призвания.

•

Вселенная создала нас не без причины. Найди причину своего появления на этой земле.

ОБ АВТОРЕ

Робин Шарма — один из крупнейших мировых специалистов в вопросах развития личности, целеполагания и постижения секретов лидерства.

Имеет степень доктора права и медицины. В молодости мечтал преуспеть как адвокат, так что история Джулиана Мэнтла — это, отчасти, история самого Шармы. Около двенадцати лет назад Робин Шарма понял, что принятые стратегии достижения успеха малоэффективны. Он начал искать свой собственный путь. Робин много путешествовал по миру, изучал философские учения Запада и Востока, стремясь выделить из них самые практичные методы для повышения качества жизни.

Шарма блистательно объединил западные стратегии личной эффективности с восточными техниками совершенствования ума, тела и духа. Тысячи людей, испытавших систему Шармы, смогли изменить судьбу и реализовать свои мечты.

О том, что эта система действенна, свидетельствует история успеха самого Робина Шармы. Лишь за последние пять лет было продано более одного миллиона экземпляров его книг. Книги Робина Шармы стали настольными у таких политических лидеров, как бывший премьер-министр Израиля и лауреат Нобелевской премии Шимон Перес. Также известно, что знаменитый музыкант Бон Джови — большой поклонник книги «Монах, который продал свой „феррари“».

Книга «Монах, который продал свой „феррари“» издана в 18 странах, более чем на 15 языках. Она сейчас является главным бестселлером в Израиле, №7 в Индии, №6 в Объединенных Арабских Эмиратах, в Пуэрто-Рико, в Канаде, США и Мексике.

Самоконтроль — это железо, из которого
На крыльях воли ты воспаришь под небеса,
Тот, кто утратил волю, подобен каравану, оставш
подобен ко

Не жертвуй сегодняшним счаст
ради завтрашнего успеха.

Не ложись спать, пока не сделаешь хотя бы

Улучшая мир, ты улучшаеш

Начинай с малого: г
это результат небольш

ПРОСЯЩ

Учись находиться «зд

Будь

Вселенная создала
нас не без причины.
Найди причину своего появлени
на этой зе

Благодари судьбу
за вс

Зажги факел своего
призвания.

Лучшее, что ты мож
для собств
без остат

УМЕЙ НАСЛАЖДАТЬСЯ КРАСОТОЙ ДОРОГ
СЛОВНО ЭТО ТВОЙ ПОСЛЕДНИЙ ДЕНЬ НА

Жить нужно так, чтобы покидая мир,
мы смеялись, а все — плакал